首都圏版⑮ 最新入試に対応！ 家庭学習に最適の問題集!!

東洋英和女学院 小学部

2025年度版 過去問題集

2020/2022~2024年度 実施試験 計4年分収録

問題集の効果的な使い方

①学習を始める前に、まずは保護者の方が「入試問題」の傾向や、どの程度難しいか把握をします。すべての「アドバイス」にも目を通してください。
②各分野の学習を先に行い、基礎学力を養いましょう！
③力が付いてきたと思ったら「過去問題」にチャレンジ！
④お子さまの得意・苦手がわかったら、その分野の学習を進め、全体的なレベルアップを図りましょう！

厳選！ 合格必携 問題集セット

図形	Jr. ウォッチャー ❶「点・線図形」
数量	Jr. ウォッチャー ⓮「数える」
観察	Jr. ウォッチャー ㉙「行動観察」
推理	Jr. ウォッチャー ㉝「シーソー」
面接	家庭で行う面接テスト問題集

日本学習図書（ニチガク）

こんなこと…ありませんか?

「ニチガクの問題集…買ったはいいけど、、、
この問題の教え方がわからない(汗)」

メールでお悩み解決します!

☆ ホームページ内の専用フォームで必要事項を入力!
☆ 教え方に困っているニチガクの問題を教えてください!
☆ 確認終了後、具体的な指導方法をメールでご返信!
☆ 全国どこでも! スマホでも! ぜひご活用ください!

<質問回答例>

アドバイス

推理分野の学習では、後の学習に活きる思考力を養うことができます。ご家庭で指導する場合にも、テクニックにたよらず、保護者の方が先に基本的な考え方を理解した上で、お子さまによく考えさせることを大切にして指導してください。

Q.「お子さまによく考えさせることを大切にして指導してください」と学習のポイントにありますが、考える習慣をつけさせるためには、具体的にどのようにしたらいいですか?

A. お子さまが考える時間を持てるように、質問の仕方と、タイミングに工夫をしてみてください。
たとえば、「答えはあっているけど、どうやってその答えを見つけたの」「答えは○○なんだけど、どうしてだと思う?」という感じです。
はじめのうちは、「必ず30秒考えてから手を動かす」などのルールを決める方法もおすすめです。

まずは、ホームページへアクセスしてください!!

https://www.nichigaku.jp　日本学習図書　検索

目指せ！合格！

家庭学習ガイド
東洋英和女学院小学部

ペーパー　行動観察　制作　運動　親子面接

入試情報

応募者数：女子 585 名
出題形式：ペーパー・ノンペーパー
面　　接：保護者・志願者面接
出題領域：ペーパーテスト（お話の記憶・推理・数量・図形など）、口頭試問、行動観察、制作、運動、面接（保護者・志願者）

入試対策

ここ数年、入試内容自体には大きな変化はありません。「常識」「数量」「言語」「推理」「図形」など広い分野から出題されています。基礎問題中心で、正確さとスピードを要求される問題が多いのも特徴でしょう。中でも、「数量」の問題はさまざまな角度から出題されますから、類題を繰り返し練習しておく必要があります。当校の入試では基礎基本の徹底がもっとも効果的な学習です。過去問題の学習と足りないと思われる分野の対策学習を重点的にすれば、少なくとも合格のボーダーライン以上の点は取れるのではないでしょうか。合格を確実にするためには、その学力に加えてのコミュニケーション力、つまり指示を理解すること、それに従って行動すること、さらにその行動の過程でほかの人に気が配れることなどが必要になってきます。

●ペーパーテストの出題分野は、過去を振り返るとさまざまな分野から出題されています。前年度に出題されていなくてもしっかりと対策を取っておく必要があります。

●当校の「自由遊び」は、比較的時間が長いのが特徴です。子どもらしく楽しく遊べることが第一ですが、お友だちとの譲り合いや、コミュニケーションがきちんと取れることも大切です。

「東洋英和女学院小学部」について

〈合格のためのアドバイス〉

併願校の日程によって志願者数の増減はあるものの、毎年高倍率の試験が行われています。お子さまはもちろん、保護者の方にもそれなりの準備は必要となってきますので、ある程度の余裕を持って準備を進めていきましょう。

テストの内容自体には、ここ数年大きな変化は見られず、ペーパーテスト、行動観察、運動テスト、制作テストが行われました。ペーパーテストでは、**常識・数量・言語・推理・図形**などが出題されています。多分野から幅広い出題がありますので、基礎力の充実とケアレスミスに気を付けることが重要です。

特に言語分野の問題は、ほかの入試で見られるような類型的問題ばかりではなく、特徴的な出題も見られます。語彙を増やすのはもちろんのこと、実生活でその言葉がどのように使われるかまでを知る学習が必要になります。

工作・巧緻性では、グループでの**課題制作**が出題されています。また、行動観察としては自由遊びが毎年出題されています。どちらもお子さまの生活の様子をうかがう試験で、才能や個性を評価するためのものではなく、協調性のあるなしを判断していると考えてください。つまり、集団で１つのものを作り上げる**課題制作**では、作品の巧拙は大きな評価の対象ではなく、主体的に参加しているか、力を合わせて課題に取り組んでいるか、といったところが観点となっているということです。工作や絵画の教室に通うよりも、お友だちとの遊びの時間が大切になるかもしれません。**保護者・志願者面接**は、面接直前に書くアンケートに基づいて行われます。夫婦で質問内容が異なりますから、ある程度の打ち合わせは必要でしょう（アンケートは同じ質問項目です）。

〈2024 年度選考〉

〈面接日〉
◆アンケート（面接直前）
◆保護者・志願者面接
（考査日前に実施）
※面接官は３名。
〈考査日〉
◆ペーパーテスト
◆行動観察
◆運動テスト
◆制作

◇過去の応募状況

2024 年度	女子	585 名
2023 年度	女子	581 名
2022 年度	女子	595 名

入試のチェックポイント
◇受験番号は…「生年月日順」
◇生まれ月の考慮…「あり」

東洋英和女学院小学部
過去問題集

〈はじめに〉

現在、少子化が叫ばれているにもかかわらず、私立・国立小学校の入学試験には一定の応募者があります。入試は、ただやみくもに学習するだけでは成果を得ることはできません。志望校の過去における出題傾向を研究・把握した上で、学習を進めていくこと、試験までに志願者の不得意分野を克服することが求められます。そこで、本問題集は小学校を受験される方々に、志望校の出題された問題をより分かりやすく理解して頂くために、アドバイスを記載してあります。最新のデータを含む精選された過去問題集で実力をお付けください。

また、志望校の選択には弊社発行の「2025年度版　首都圏・東日本　国立・私立小学校　進学のてびき」をぜひ参考になさってください。

〈本書ご使用方法〉

◆出題者は出題前に一度問題を通読し、出題内容などを把握した上で、〈 準　備 〉の欄に表記してあるものを用意してから始めてください。
◆お子さまに絵の頁を渡し、出題者が問題文を読む形式で出題してください。問題を読んだ後で、絵の頁を渡す問題もありますのでご注意ください。
◆「分野」は、問題の分野を表しています。弊社の問題集の分野に対応していますので、復習の際の目安にお役立てください。
◆一部の描画や工作、常識等の問題については、解答が省略されているものがあります。お子さまの答えが成り立つか、出題者が各自でご判断ください。
◆〈 時　間 〉につきましては、目安とお考えください。
◆本文右端の［〇年度］は、問題の出題年度です。［2024年度］は、「2023年の秋に行われた2024年度入学志望者向けの考査で出題された問題」という意味です。
◆学習のポイントは、指導の際にご参考にしてください。
◆【おすすめ問題集】は各問題の基礎力養成や実力アップにご使用ください。

〈本書ご使用にあたっての注意点〉

◆文中に **この問題の絵は縦に使用してください。** と記載してある問題の絵は縦にしてお使いください。
◆〈 準　備 〉の欄で、クレヨン・クーピーペンと表記してある場合は12色程度のものを、画用紙と表記してある場合は白い画用紙をご用意ください。
◆文中に **この問題の絵はありません。** と記載してある問題には絵の頁がありませんので、ご注意ください。なお、問題の絵の右上にある番号が連番でなくても、中央下の頁番号が連番の場合は落丁ではありません。
下記一覧表の●が付いている問題は絵がありません。

問題１	問題２	問題３	問題４	問題５	問題６	問題７	問題８	問題９	問題10
					●	●	●	●	●
問題11	問題12	問題13	問題14	問題15	問題16	問題17	問題18	問題19	問題20
									●
問題21	問題22	問題23	問題24	問題25	問題26	問題27	問題28	問題29	問題30
●	●								
問題31	問題32	問題33	問題34	問題35	問題36	問題37	問題38	問題39	問題40
	●	●	●						
問題41	問題42	問題43							
		●							

㊢ 先輩ママたちの声！

◆実際に受験をされた方からのアドバイスです。
ぜひ参考にしてください。

東洋英和女学院小学部

・ペーパーテストは難問ではないですが、基本を大切に、丁寧な作業が必要と感じます。

・日常的に子どもとどういう関わり方をしているか、箸の使い方など、日常生活を大切にしているか、などを観られているように感じました。

・ペーパーテストの点数だけでなく、「行動観察」「集団遊び」などの様子をしっかりとご覧になるのだと感じました。

・比較的長い「自由遊び」の中で、子どもらしく素直に楽しく遊べることや、お友だちとの関わり方が重視されるようです。戻ってきた子どもは、本当に楽しい試験だったと言っておりました。

・出願書類は不備のないように提出することが大切です。当たり前のことではありますが、ここでミスをしてしまうと合格の対象から外されてしまう可能性もあると思います。

・説明会や運動会では、在校生や保護者の様子などがわかり、参考になります。礼儀正しく、節度ある姿勢に感動しました。

・アンケートの質問内容は父親・母親に同じですが、別々の用紙に別々に記入します。矛盾が生じないように、事前に打ち合わせをしておいた方がよいでしょう。

・行動観察の「自由遊び」はほかの小学校の入試より時間が長くかったようです。

・説明会では「赤毛のアン」関連のお話もありましたが、英語教育や安全面のお話が多かったです。申込みはＷＥＢを通して行います。

◎学習効果を上げるため、前掲の「家庭学習ガイド」及び「合格のためのアドバイス」をお読みになり、各校が実施する入試の出題傾向を、よく把握した上で問題に取り組んでください。
※冒頭の「本書のご使用方法」「ご使用にあたっての注意点」も併せてご覧ください。

2024年度の最新入試問題

問題1　分野：図形（点図形）

〈準備〉　鉛筆

〈問題〉　左側の見本と同じように右側に書いてください。

〈時間〉　３分

〈解答〉　省略

アドバイス

模写の問題を解く際のポイントは、書き始めの位置を正確に捉えるということです。書き始めを間違えると、その後の全ての線がズレてしまいます。この問題は、点図形、線図形、形の模写など、書き写し問題全てに共通していることですから、先ずは、書き始めの位置を早く、正確に捉えることを修得してください。そのことと並行して、線をしっかり書くことも練習してください。筆圧が弱かったり、線がクネクネしたりするのではなく、力強くしっかりとした線を書けるようにしましょう。点・線図形の場合、次にどの点に向かって書くのかを把握してから書き始めると、線がしっかりと書けます。最初は短い線で練習し、少しずつ長い線を書くようにしましょう。
また、筆記用具を正しく持てているかもチェックし、できていない場合は、入学前に正しく持てるように練習してください。

【おすすめ問題集】
Ｊｒ・ウォッチャー１「点・線図形」、51「運筆①」、52「運筆②」

問題2　分野：数量（観覧車）

〈準備〉　鉛筆

〈問題〉　**この問題の絵は縦に使用して下さい。**
絵を見てください。
動物の絵が描いてある白と黒の観覧車が矢印の方へ回ります。初めの人はクマのところに乗ります。白のゴンドラには１人乗り、黒のゴンドラには２人乗ります。パンダのゴンドラに乗る人に◇を付けてください。

〈時間〉　15秒

〈解答〉　下図参照

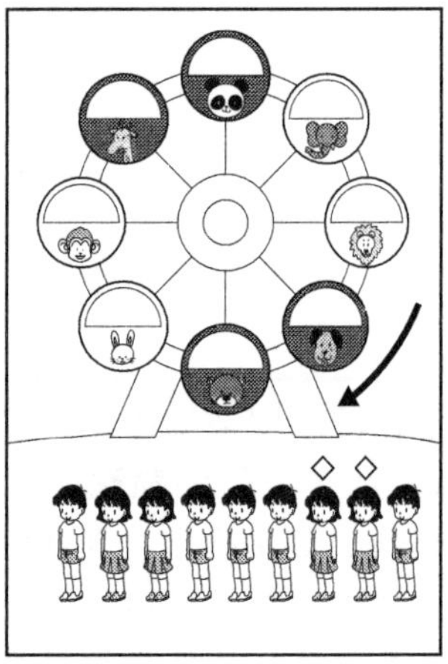

アドバイス

観覧車の問題ですが、先ずは、問題を一度聞いただけで正確に理解できているかをチェックしましょう。近年、人の話を最後まで聞けない人が増えていると言われています。ですから、この問題を一度聞いただけで理解できていない場合、お話の記憶、面接、運動テストなどでも、同じようなミスをする可能性があります。それでは合格は得られません。このように小学校の入試は、単に問題が解ければいいというものではありません。入試問題の土台となっているのは、「問題を一度聞いただけで正しく理解し、対応する力を有しているか」であり、その上で「問題を解く力（プロセス）が身に付いているか」ということになります。この手順にそって、お子さまの聞く力を確認してください。観覧車の問題は、ご家庭で回転するものを活用し、実際に動かして行ってみることで、理解度はかなり進みます。その後は、類題を解き、力の定着を図りましょう。

【おすすめ問題集】
Ｊｒ・ウォッチャー14「数える」、19「お話の記憶」、50「観覧車」

問題3　分野：巧緻性（運筆）

〈準備〉　鉛筆、赤の鉛筆、青の鉛筆

〈問題〉　・左のうずまきの形の点線を鉛筆でなぞってください。
・真ん中のハートを赤色でうすく塗ってください。
・右のまるの真ん中に縦に青色で線を引き、左側の中を青色で塗ってください。右側は赤色でうすく塗ってください。

〈時間〉　３分

〈解答〉　省略

アドバイス

この問題は、先の観覧車の問題以上に、問われている内容を最後まで聞き、理解し、記憶して対応できるか。という力が求められます。その上で、細かな指示に従って、線を書いたり、色の濃さを分けて塗ったりと、巧緻性の要素も含まれています。
そのような観点から、この問題は難易度が高い問題といえるでしょう。当校を志望される方は、難易度の低い問題は確実に解き、難易度の高い問題をどれだけ正解できたかで合否が決まってきますので、基礎となる聞く力、記憶する力、処理の正確性とスピードなど基礎となる力はしっかりと身に付けましょう。色を塗る時ですが、薄く塗るところを濃く塗ってはいませんか。薄く塗った後に濃くすることは可能ですが、薄く塗るところを濃く塗ってしまうと、後から修正はできません。また、線からはみ出さないように塗るには、外側から内側に向かって塗るようにするとよいでしょう。

【おすすめ問題集】
Ｊｒ・ウォッチャー23「切る・貼る・塗る」、51「運筆①」、52「運筆②」、
実践ゆびさきトレーニング①・②・③

問題4　分野：数量（数の加減）

〈準備〉　鉛筆

〈問題〉　①ウサギが５羽いますが、ニンジンが３本しかありません。あといくつあればよいでしょうか。右の四角にその数だけ○を書いてください。
②犬が10匹います。飼育員さんが来て２匹連れていき、３匹が小屋に入りました。今庭で遊んでいる犬は何匹でしょうか。右の四角にその数だけ○を書いてください。
③飛行機が５基飛んでいます。そのうち２機が別の方向へ飛んでいきました。後ろの方から５基の飛行機が飛んできました。今飛んでいるのは何基でしょうか。右の四角にその数だけ○を書いてください。

〈時間〉　各30秒

〈解答〉　①○：２　②○：５　③○：８

アドバイス

数の操作の問題ですが、単に数が解ればいいという内容ではありません。数量に関する問題の場合、口頭試問形式の場合もあれば、描いてある絵を見て数えたり、和、差、分配などを問われたりする形式もあります。入試が近づいてきたら、絵を見て問う対策は必要ですが、夏休みまでの期間なら、生活体験を通して、数に関することに多く触れるようにし、同時に学習では口頭試問形式で力を伸ばす方法をおすすめします。その理由ですが、問題を聞いたとき、同時に頭の中でそのイメージができれば、問題を解くときにかなり楽になります。問題を聞いてから考え始めるのと、問題を聞いている状況でイメージができているのとでは、解答時間に対する余裕はかなり違います。その力を身に付けるためにも、生活体験を多く経験することが重要になってくるのです。保護者の方は、生活の中でお子さまが数に触れる機会を多く持つように意識してください。

【おすすめ問題集】

Ｊｒ・ウォッチャー14「数える」、19「お話の記憶」、38「たし算・ひき算１」、39「たし算・ひき算２」、43「数のやりとり」

問題5　分野：比較（シーソー）

〈準備〉　鉛筆

〈問題〉　タヌキさんとリスさん、ウサギさん、サルさん、ネコさんの５匹でシーソーで遊んでいます。一番重い動物に○を、二番目に重い動物に△を、三番目に重い動物に□を、四番目に重い動物に×を、五番目に重い動物に◎を書いてください。

〈時間〉　20秒

〈解答〉　○：リス　△：サル　□：ウサギ　×：タヌキ　◎：ネコ

アドバイス

この問題は、シーソーの問題を解く上での基本知識が身に付いているのかを測るのに最適な問題です。その理由ですが、シーソーの重さ比べをする場合、一番重たいものと一番軽いものを見つけるのが一番簡単です。見つけたら、選択肢の中からそれを外し、残ったものの中で一番重たいものと一番軽いものを探していきます。結局、シーソーの問題を解くのに必要な力は、重たい（軽い）順番に並べることができるか、ということになります。そのシーソーの問題を解く力が身に付いているか否かを確認する問題としては、本問は良問といえるでしょう。もし、間違えた場合は、どのように考えたのか、先ずはお子さまの考え方を聞いたあと、前述した考え方にそって、ゆっくりと確認してみましょう。そのときは、説明をするという感じではなく、お子さまが紐解いていくように、お子さまの考え方を主にして行うようにしましょう。そうすることで、解いている最中に解くときのポイントを発見するはずです。

【おすすめ問題集】

Ｊｒ・ウォッチャー33「シーソー」

問題6　分野：行動観察（生活面）

〈準 備〉 ハンドタオル、Tシャツ、風呂敷、箸、消しゴム5個、紙皿

〈問 題〉 **この問題の絵はありません。**
・Tシャツとタオルをきれいにたたみ、この風呂敷で包んでください。
・ここにある箸でこのケシゴムを皿に移してください。

〈時 間〉 各1分

〈解 答〉 省略

アドバイス

服をたたむ、風呂敷で包むなどの行為は、経験量によって出来は変わります。保護者の方の中にも、風呂敷で包んだことがないという方も、いらっしゃるのではないでしょうか。近年は、風呂敷を使用した問題を出題する学校は減りましたが、風呂敷を利用することはしっかりと練習をしておくことをおすすめいたします。また、箸で消しゴムを移す作業も、ただできればいいという内容ではなく、箸の正しい持ち方、スムーズさなどの、過程も採点対象となっていることを忘れないでください。どちらの内容も、普段しているお子さまとそうでないお子さまとでは、一目瞭然の出題となります。このような出題をするとき、学校側は「日常生活において、このようなこともちゃんと取り組んでおいてください。」というメッセージ性を盛り込んで作問をします。この学校側のメッセージをしっかりと受け取り取り、理解し、組んできたか。という結果が観られていると観ると、対策も見えてくるのではないでしょうか。

【おすすめ問題集】

Ｊｒ・ウォッチャー25「生活巧緻性」、29「行動観察」、30「生活習慣」

問題7　分野：運動

〈準 備〉 ボール、ハチマキ

〈問 題〉 **この問題の絵はありません。**
・先生の真似をしてください。
右手をまっすぐ上げます。おろします。左手をまっすぐ上げます。おろします。右手を上げてください。そのまま左手も上げます。両方の手を下ろしてください。
・ボールを取りに行き、自分の場所でボールつきをします。失敗したらその場で体操座りをして待ちます。やめと言われるまでボールつきをしてください。
・ハチマキを取りに行きます。ハチマキを頭に巻き、かた結びをしてください。
・縄跳びをします。縄はありません。縄を持ったつもりで縄跳びをしてください。

〈時 間〉 適宜

〈解 答〉 省略

アドバイス

この問題は１グループ４人で行われました。この問題の注意点は、動作をするとき、お友達の動作を見てから始めていないか。取り組むときキビキビ、積極的に取り組めたか。腕が曲がっていないかなど。ボールつきでは、指示の遵守、ドリブルのでき、待っているときの態度など。ハチマキを巻く行為がどうか、固結びができているか。積極性、最後まで諦めずに取り組めたかなど。縄跳びは、縄を廻す手と飛ぶ動作があっているか、できるだけその場で飛べたか、飛ぶ高さが一定だったか、取り組む姿勢はどうだったかなど。これらが主なチェックポイントです。このような問題の場合、保護者の方は、結果ではなく、観点に重点を置いて問題を見てください。行動を伴う問題の場合、結果だけでなく、様々な点まで観られています。その観点を把握して、生活体験を通して対策をとることが、本来の入試対策となります。

【おすすめ問題集】

Ｊｒ・ウォッチャー28「運動」、29「行動観察」、30「生活習慣」

問題８　分野：行動観察

〈準　備〉　折り紙、ハサミ、ステックのり、セロハンテープ、クーピーペン、画用紙、アルミの皿、レジャーシート

〈問　題〉　この問題の絵はありません。

ここにいる先生は今日お誕生日です。レジャーシートに座って、ここにある材料を自由に使い、先生へのプレゼントを作ってください。先生の喜びそうなものをグループのみんなで相談をして決めましょう。歌ったり踊ったりしてもよいです。アルミのお皿は必ず使ってください。

〈時　間〉　適宜

〈解　答〉　省略

アドバイス

この問題も１組４人のグループで行われました。問題を観て分かる通り、ポイントとなる指示は、アルミのお皿を使用することだけで、あとは自由です。このような問題の場合、独創性、積極的な提案、工夫、協調性、そして自分たちが楽しめて行えているかがポイントとなります。しかし、今、挙げたことは一朝一夕には身に付きませんし、入試の時だけというわけにもいきません。この問題を観たとき、普段の生活が大きく影響する問題だと思いました。このような問題で力を発揮するためには、日常生活において、保護者の方は指示語を減らし、お子さま自身に考えさせるようにしましょう。修正点があったときは、どうして修正をするのかという問い掛け型の対策がおすすめです。また、お友達の意見を積極的に聞き入れることもできているでしょうか。コロナ禍の生活は人との関わる機会を減らしました。その経験量を取り戻すためにも、他者との積極的な関わりが重要となります。

【おすすめ問題集】

Ｊｒ・ウォッチャー23「切る・貼る・塗る」、25「生活巧緻性」、29「行動観察」、30「生活習慣」、56「マナーとルール」、お助けハンドブック「生活編」、実践ゆびさきトレーニング①・②・③

問題9　分野：親子面接

〈問 題〉　この問題の絵はありません。

志願者へ
・お名前と幼稚園（保育園）の名前を教えてください。
・幼稚園（保育園）では何をして遊ぶのが好きですか。
・何人ぐらいで遊んでいますか。
・今何か欲しいものはありますか。
・お家ではどんなことをして遊びますか。誰と遊んでいますか。

父親へ
・どのような父親でありたいと思いますか。
・お子さんとはどのような遊びをされますか。
・どのようなお仕事をされてますか。
・ごきょうだいで同じ学校への通学を考えなかったのは、どうしてですか。

母親へ
・お姉さまがいますが母親同士の付き合いをどのように考えていますか。
・お子さまが幼稚園（保育園）から泣いて帰ってきたらどうしますか。
・お母さんの子供のころの夢は何でしたか。
・緊張する１日でしたが、帰ったらお子さまに何をしようと考えてますか。

〈時 間〉　約10分

〈解 答〉　省略

アドバイス

お子さまへの質問は特に難しいものはありません。自分の意見をしっかりと、相手に伝えましょう。質問内容はお子さま自身のことですから即答できるようにしましょう。面接は、回答内容だけが採点ではありません。初対面の大人との会話です。その会話のマナーが観察対象ともなっていることを把握しておいてください。
保護者面接の内容から、保護者としてどのような考えを持ちながら子育てをしてきたかという、生き方、考え方、躾論のような内容が問われています。このような内容の場合、正解はありません。正解がない質問だからこそ、保護者自身の信念が回答に影響します。面接に関しては、紙面の関係上、全てを書くことができません。
子どもの面接対策には「面接テスト問題集」を、保護者面接対策には「面接テスト最強マニュアル」をご覧ください。収録されているまえがき、アドバイスは幼児教室での面接講座以上の詳しいアドバイスと情報が掲載されています。

【おすすめ問題集】
新・小学校面接Ｑ＆Ａ、面接テスト問題集、入試面接最強マニュアル

問題10　分野：アンケート

〈問題〉　この問題の絵はありません。

・平日お子さまと過ごす時間はどの程度ありますか。

・そのほか、願書に書ききれなかったことをご自由にお書きください。

〈時間〉　適宜

〈解答〉　省略

アドバイス

アンケートというと「上手く書かなければ」と考えてしまう方が多いと思いますが、アンケートを行う目的が何かを考えると、求められているのは文章力ではないことは一目瞭然です。このような出題の対策を考えるときは、自分が志望校の教員の立場に立ち、自分ならこのアンケートで何を知りたいのかを考えます。恐らく、その考えと志望校の意図は似ていると思います。そうでないと、志望校のことを理解しているとはいえません。あとは、その考えに沿ってアンケートで問われている内容に意見を書いていきます。ただ、書くときの注意点は、ただ思ったことを書き連ねればいいというものではありません。学校側に提出する文書ですから、相手が読んだときに分かり易い文章を書くことが求められます。独りよがりにならず、相手に自分の意見を伝えることを意識して、内容、書く順番などを整理して書きましょう。誤字脱字にばかり気をとられると、内容が疎かになってしまいます。

【おすすめ問題集】

新・小学校受験 願書・アンケート 文例集500

家庭学習のコツ①　「先輩ママのアドバイス」を読みましょう！

本書冒頭の「先輩ママのアドバイス」には、実際に試験を経験された方の貴重なお話が掲載されています。対策学習への取り組み方だけでなく、試験場の雰囲気や会場での過ごし方、お子さまの健康管理、家庭学習の方法など、さまざまなことがらについてのアドバイスもあります。先輩ママの体験談、アドバイスに学び、ステップアップを図りましょう！

問題11　分野：数量

〈準 備〉　鉛筆

〈問 題〉　（問題11－１の絵と問題11－２の絵を渡す。）
絵を見てください。
・お祭りの提灯が飾ってあります。全部で９個の提灯があります。見えない提灯はいくつでしょうか。その数だけ提灯のところに○を書いてください。
・金魚すくいで４匹の金魚をすくいました。金魚は全部で何匹いたのでしょうか。その数だけ金魚のところに○を書いてください。
・３人の子どもが風船を取りに行きました。この風船を全部取りますが、同じ数ずつ取ると余りはいくつになりますか。その数だけ風船のところに○を書いてください。
・スズメが上に３羽、下に２羽います。途中で２羽飛んでいきました。その後に３羽飛んできました。いま何羽いるでしょうか。その数だけスズメのところに○を書いてください。
・焼きそばの屋台のところに３人います。１人１つずつ買いました。残りはいくつでしょうか。その数だけ焼きそばのところに○を書いてください。

〈時 間〉　各30秒

〈解 答〉　提灯：３　金魚：７　風船：２　スズメ：６　焼きそば：５

［2023年度出題］

アドバイス

数の加算、分割の問題です。先ずは、問題を聞きながら内容をイメージできるでしょうか。問題を解いた後の対策なら、おはじきなどを使用して、問題にそって操作することで理解度を上げることはできますが、問題を解くとき、頭の中のイメージで操作ができるようになると、問題を容易に解くことができます。そのためにも、先ずは問題をしっかり聞き、記憶、理解することから始めましょう。数に関しては、「５」にするための組み合わせをしっかりと理解しましょう。「５」になるための組み合わせは、「０と５」「１と４」「２と３」「３と２」「４と１」「５と０」の６通りあります。この６通りをしっかり理解すれば、補数の関係、繰り上がり、繰り下がりの計算も混乱せずに理解できるようになります。この問題をおさらいするときは、今の「５」をしっかりと理解してから、具体物を使用すると効果が上がります。

【おすすめ問題集】
Ｊｒ・ウォッチャー14「数える」、37「選んで数える」、38「たし算・ひき算１」
39「たし算・ひき算２」

問題12　分野：回転図形

〈準 備〉　鉛筆

〈問 題〉　左側の形を矢印の方に２回コトンと倒したら中の絵はどうなりますか。右側に書いてください。

〈時 間〉　30秒

〈解 答〉　下図参照

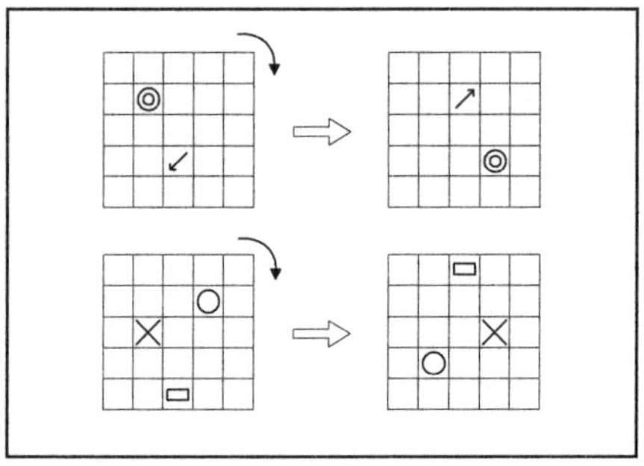

［2023年度出題］

アドバイス

空間認識の力が必要ですが、この問題も回転させたときに位置関係がどうなるかを理解していれば、着眼点が解り、解きやすくなるでしょう。回転図形のポイントを把握する練習として、先ずは、白い紙に矢印を描いたらクリアファイルに入れます。その後、クリアファイルを回転させることで、向きがどのように変化するかを把握します。その後、形を変えて行ったり、理解してきたら形を複雑にしたりして理解度を深めていきます。こうすることで、回転と形の向きの関係を把握することができます。このように具体物を使用して理解度を高める学習は、一見すると、時間がかかり、時間の無駄と思われるかもしれませんが、具体物を使用することで、確実に理解を深めることができますし、別の学習に紐付けて考えることができます。例えば、180度回転させたときと、鏡に映った時の向きは違います。このように関連づけることで、活用できる確実な知識を身に付けることができます。

【おすすめ問題集】

Ｊｒ・ウォッチャー５「回転・展開」、46「回転図形」

問題13 分野：図形（四方からの観察）

〈準備〉 鉛筆

〈問題〉 **この問題の絵は縦に使用してください。**
絵を見てください。
①矢印の方から見たときにどのように見えるでしょうか。それぞれ正しいものに○を付けてください。
②も同じようにやってください。
③矢印のどの方向から見ても、見えないものが描いてあります。それに○を付けてください。

〈時間〉 30秒

〈解答〉 下図参照

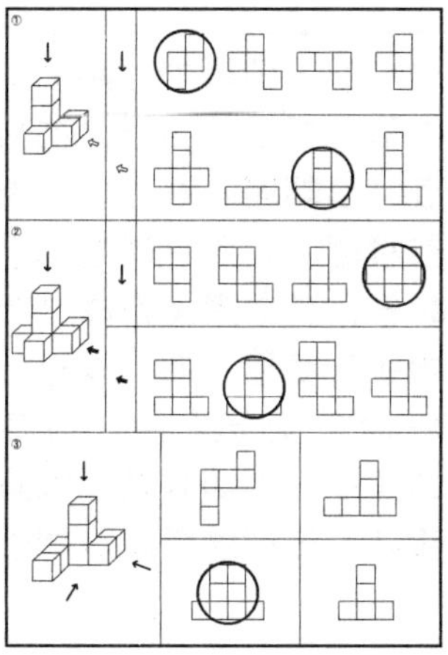

［2023年度出題］

アドバイス

四方からの観察は、ぬいぐるみを使ったものや積み木を使ったものなどいくつかありますが、このように積み木を使った問題の場合、お子さま自身で問題の図形を作ってみることがお勧めです。具体的には、積み木がいくつで構成されているか数えさせ、その答えの積み木を渡して積ませます。これで数の学習です。次に、問題で示されている方向から実際に積み木を観察し、解答が合っているかどうかを調べます。と同時に、他の方向から観たら、どのように見えるかも確認しましょう。この確認をしていると、設問③の問題にも苦労することなく解答することが可能となります。難易度を上げる場合、四方向から見える絵を示して、このように見えるように積み木を積ませる、という学習にまで到達できることを目指しましょう。これは学習というより楽しみながら行うと効果が上がります。具体物を使用した学習は、楽しく、能動的に行うことがポイントです。

【おすすめ問題集】
Ｊｒ・ウォッチャー10「四方からの観察」、16「積み木」、
53「四方からの観察（積み木編）」

問題14　分野：系列

〈準 備〉　鉛筆

〈問 題〉　・カキとナシとクリがあるお約束で並んでいます。？のところには3つのうちのどれが入るのでしょうか。○を付けて下さい。
・おはじきが、あるお約束で並んでいます。空いているところには、下のどの数の物が入るでしょうか。入るものを探して○を付けてください。

〈時 間〉　20秒

〈解 答〉　上：クリ　下：サクランボ

［2023年度出題］

アドバイス

上は、カキ、ナシ、クリが、「ナシーカキークリークリ」の順番で並んでいます。系列の問題を解くポイントは、この並んでいる約束をいかに早く見つけるかにあります。簡単な問題なら、直ぐに約束を発見できるでしょうが、そういう問題ばかりではありません。直線の問題の場合は、左から観て見つけられるものもあれば、右から観ないと見つけられないものもあります。ですから、この考え方ではダメなら、この考え方は？というように、一つの考え方に固執しないということも大切です。両手を使用して、同じ方向に移動させて解答を見つけるという方法もありますが、最初からその方法を用いることは勧めません。それは正解を見つける方法であり、理解とは違います。大切なことは解答を見つけ出すまでのプロセスの強化にあります。苦手なお子さまは、先ずは簡単な問題から始めるとよいでしょう。

【おすすめ問題集】
Ｊｒ・ウォッチャー６「系列」

問題15　分野：言語（しりとり）

〈準 備〉　鉛筆

〈問 題〉　絵を見てください。しりとりで全部つながるものには○を、つながらないものには×を書いてください。

〈時 間〉　各20秒

〈解 答〉　①：×　②：○　③：○　④：×

［2023年度出題］

アドバイス

しりとりは語彙数の多少と、物の名称の認知度が関係してきます。入試の多くは、絵を見て解答していきます。ですから、両方の知識がしっかりかみ合っていないと、正解をすることは難しくなります。この問題に限らず、問題集で使用している絵は、小学校の入学試験ではよく出てくるものが使用されています。他の問題を利用し、名前がいるか確認して見ることをおすすめいたします。テストでは、正解か不正解か問われますが、家庭学習では、そればかりに固執するのではなく、理解を重視してください。この問題の場合、つながるか、つながらないかを途中で判断するのではなく、最後まで考えてみることをおすすめします。チェックした上でできたか、できなかったかを判断し、採点の後にお子さまに説明をさせることをおすすめいたします。そのように確認することで理解度があがってきます。

【おすすめ問題集】

Ｊｒ・ウォッチャー49「しりとり」

問題16　分野：模写

〈準備〉　鉛筆

〈問題〉　上に書いてあるものは下に、左側に書いてあるものは右側の四角に、同じように書き写してください。

〈時間〉　２分

〈解答〉　省略

［2023年度出題］

アドバイス

図形の模写の問題です。問題文だけを聞けば、簡単そうに思える問題ですが、線の書き始めが正しいでしょうか。位置関係、大きさなどはお子さまに取りましては、意外と把握しにくい内容となります。よくあるミスとして、鏡や回転の問題と混乱してしまうお子さまがいます。また、一つの絵を描き写すのならまだしも、幾つかのランダムに描かれてある絵をとなれば、今度は位置関係も含まれるため、難易度は一気に高まります。その他でも、線の太さ、線の種類が違う場合など、観察力が更に求められる問題などもありますから、まずは、基本となる難易度の低いものから始め、しっかりと理解するようにしましょう。また、何度も書き直すと解答用紙が汚れ、採点しにくくなりますので、何度も書き直さなくてもいいように、全体をしっかりと把握してから書き始めるようにしましょう。

【おすすめ問題集】

Ｊｒ・ウォッチャー２「座標」、６「系列」

問題17　分野：巧緻性

〈準備〉　折り紙

〈問題〉　描いてある絵を見ながら、折り紙を折ってください。

〈時間〉　３分

〈解答〉　省略

［2023年度出題］

アドバイス

この問題は５人ほどの集団で行われました。モニターに映し出された折り方を見ながら、折り紙を折っていく課題です。小学校受験において折り紙はよく使用するものの一つですから、扱いにも慣れておく必要があります。二つに折るにしても、角と角がしっかり合わさっているか。折り目を一回でしっかりつけることができるかなども大切です。何ども折り直すと、できばえが汚くなってしまいます。このような課題の場合、できばえも観られますから、一つひとつを丁寧に、確実に行えるようにしましょう。折り紙は、慣れることで、モニターに映し出されていることが、どのようなことを求めているのかも把握することができるようになります。折り紙は指先の器用さを高める練習、集中力を養うことにもつながりますので、ぜひ、取り入れてください。

【おすすめ問題集】
Ｊｒ・ウォッチャー25「生活巧緻性」、実践ゆびさきトレーニング①・②・③

問題18　分野：行動観察

〈準備〉　家族の人の顔を切り取って紙人形を作っておく。

〈問題〉　この紙人形を使って、みんなでどこへ行くかなどを相談しながら楽しく遊びましょう。

〈時間〉　適宜

〈解答〉　省略

［2023年度出題］

アドバイス

行動観察ですので解答はありません。この問題で求められていることは、相談するとき、自分の意見を積極的に言い、お友達の話もきちんと聞くことができるか、楽しく遊べているか、人との関わりのマナーはできているかなど、基本的なことが求められています。鼓動観察の問題は、簡単な問題ほど意外と難しかったりします。特に入試は初めて会ったお友達と共同で行わなければなりません。お子さまはコロナ禍の生活で、お友達との関わりが少ない世代でもあることから、この問題では差がついたことが予想されます。大人にとっては簡単に見える問題でも、人生経験が乏しいお子さまに取っては難しい内容というものは意外と多く存在しています。コロナ禍の自粛生活だったことを鑑みて、できるだけ多くの体験を取り入れるように心がけることをおすすめいたします。

【おすすめ問題集】

Ｊｒ・ウォッチャー12「日常生活」、21「お話づくり」、23「切る・貼る・塗る」25「生活巧緻性」、29「行動観察」、56「マナーとルール」

問題19　分野：自由遊び

〈準備〉　輪投げ、平均台、たま入れ用のかご、的あて用の的、スポンジのボール

〈問題〉　この問題は絵を参考にして下さい。
ここにある物で自由に遊んでください。

〈時間〉　適宜

〈解答〉　省略

［2023年度出題］

アドバイス

用意されている物で自由に遊ぶ、自由遊びによる行動観察です。このような問題の場合、特別に難しいことはありません。いつものようにお友達と楽しく遊べればいいと思います。ただ、終わりの合図があった場合直ぐに止められるか、後片付けができるかなどがあります。この後片付けですが、途中でもやりっ放しはよくありません。次の人が使うときに使いやすいようにする配慮は必要です。このようなことは、お友達との関わりの中で身に付けていくことですが、コロナ禍の自粛生活でその機会もなかなかありませんでした。そのため、近年の入試では、行動観察で差がついているといわれています。コロナ禍だからできないのではなく、コロナ禍だからこそ、保護者の方がしっかりと躾をして欲しいというのが学校側の本音でしょう。このような課題では、性格や、普段の生活での態度などが現れ、観察しやすい課題といえます。ルールやマナーを守り楽しく遊べるように、日々心掛けておきましょう。また、自分の本意ではないのに周りに引っ張られてしまうこともありますので、しっかりと自分を保てることも大切です。

【おすすめ問題集】

Ｊｒ・ウォッチャー28「運動」、29「行動観察」、56「マナーとルール」

問題20　分野：運動（支持行動）

〈準備〉　太鼓、ドッチボールのボール

〈問題〉　**この問題の絵はありません。**

・太鼓の音に合わせて、歩く、走る、スキップをします。太鼓の音が止まったら指示された行動をとります。
・ドッチボールのボールを持ち、10m先のコーンまで走っていきます。コーンのところを回ったら、ボールを３回ついて、元の場所までボールを持って、走って戻ります。戻ったら、次の人にボールを渡してください。

〈時間〉　適宜

〈解答〉　省略

[2023年度出題]

アドバイス

太鼓の音に合わせての方ですが、音が鳴ったら直ぐに行動できるでしょうか。指示を覚えていること、反応の早さが求められる内容です。ですから集中していないと反応が遅れてしまいます。自宅でするときは、ゲーム感覚で、学習の間に取り入れることをお勧めいたします。そのようにすることで、集中力の回復にも役立ちます。
次の運動ですが、することをしっかりと覚えてできたでしょうか。ボールを持ち、と指示が出ていますから、行きはボールをつきません。そしてコーンを回ってからボールを３回つきます。ここをしっかりと覚えていられたでしょうか。恐らく、このボールをつくことを忘れてしまうお子さまがいたと思います。運動では、一つひとつの動作をしっかりすることも大切ですが、一番差が出やすいのは、実は、待っている時の態度といわれています。実技が終わり、緊張感から解放されるため、つい、崩れてしまうのでしょう。最後まで集中することを忘れないようにしましょう。

家庭学習のコツ①　「先輩ママのアドバイス」を読みましょう！

本書冒頭の「先輩ママのアドバイス」には、実際に試験を経験された方の貴重なお話が掲載されています。対策学習への取り組み方だけでなく、試験場の雰囲気や会場での過ごし方、お子さまの健康管理、家庭学習の方法など、さまざまなことがらについてのアドバイスもあります。先輩ママの体験談、アドバイスに学び、ステップアップを図りましょう！

【おすすめ問題集】

Ｊｒ・ウォッチャー28「運動」、29「行動観察」

問題21　分野：親子面接

〈問　題〉　**この問題の絵はありません。**

志願者へ
・名前を教えてください。
・お母さまの小さい頃の夢を知っていますか。知っていたら教えてください。
・どのような遊びが好きですか。
・お父さまとの遊び、お母さまとの遊びはどんなことをしますか。
・今一番ほしいものは何ですか

父親へ
・志望理由を教えてください。
・志望校は何校くらい調べましたか。
・今までのお子さまとのことで一番印象の強かったことはどんなことですか。
・女子教育についてのお考えを聞かせてください。
・お子さまの緊急時の対応についてご夫婦での話し合いはついていますか。

母親へ
・出身校はどちらでしょうか。
・お仕事の経験からお子さまに教えたいことはどのようなことでしょうか。
・大学で学ばれたことが今の仕事に活かせていますか。
・小さいときの夢は何でしたか。
・お子さまが通っている幼稚園（保育園）はどのような幼稚園（保育園）ですか。様子を聞かせてください。
・お子さまがお母さまと過ごすことで楽しいと思っていることは何だと思われますか。

〈時　間〉　約10分

〈解　答〉　省略

［2023年度出題］

アドバイス

当校の志願者に対する質問は、特別難しい内容はされていません。ですから、面接官の目を見て、しっかりと回答しましょう。面接では、回答内容だけでなく、態度面もしっかりと観られています。また、意見と正解は違うので、自分の意見に自信を持って回答するように指導してあげてください。

保護者の方にされる質問も、特別なことはされていません。内容的に、受験に関することがありますが、保護者として、ご自身のことについて質問されています。回答は学校側が望むことに合わせるのではなく、ご自身のことを、ご自身の言葉でしっかりと述べましょう。ただ、面接ですから、態度面も大切であること、回答の長さなども考慮しましょう。

またアンケートについての質問もありますので、記入した回答は、記憶しておくことです。同じような質問をお子さんにされたときに食い違いのないようにしておくことです。

面接につきましては、子ども用「面接テスト問題集」、保護者用には「入試面接最強マニュアル」のまえがき、問題についているアドバイスをご覧ください。詳しい情報や実践的なアドバイスが掲載されています。

【おすすめ問題集】

新・小学校面接Ｑ＆Ａ、面接テスト問題集、入試面接最強マニュアル

問題22　分野：アンケート

〈準備〉　鉛筆

〈問題〉　**この問題の絵はありません。**

父親へ
・平日子どもと過ごせる時間はどのくらいか。また何をしているか。
・出身校（母親へも同様）
・職業（母親へも同様）
・特技（母親へも同様）
・ボランティア活動（母親へも同様）

母親へ
・平日子どもと過ごせる時間はどのくらいか。また何をしているか。

〈時間〉　適宜

〈解答〉　省略

［2023年度出題］

アドバイス

面接当日に配布される用紙に、父親、母親、別々に記入して提出します。出身校、職業、特技、ボランティア活動などは願書に書ききれなかったことを自由に記入してもよいようです。
コロナ禍の生活において、保護者の方が子どものことをどのように考え、行動しているのかを観る内容とも受け取れます。恐らく、学校側はそこまで考えて出題をされたことでしょう。ですから、過去問として練習をされる際、単に文面通りに質問を受け取るのではなく、その年の背景、世情も考慮して書かれることをおすすめいたします。それによって書く内容も変わってくると思います。それだけ、学校側は保護者の方の意識、行動、躾などを重要視しているとも受け取れ、ここでお子さまのことを書いたとき、お子さまの行動観察の実態と、保護者の方が書いた内容が一致するでしょうか。そのようなことまで意識して書けるといいですね。

【おすすめ問題集】
新・小学校受験　願書・アンケート　文例集500

問題23　分野：記憶（お話の記憶）

〈準備〉　鉛筆

〈問題〉　朝起きてカーテンを開けたちかちゃんは、「わーい、とても良いお天気だー。」と大喜びしています。今日、ちかちゃんはお友達とドングリ公園へピクニックに出かけるのです。ちかちゃんがお台所に降りていくと、お母さんは食事の用意をしていました。ちかちゃんのお弁当はもうできているようです。さあ、ピクニックにお出かけです。水筒を持ち、お弁当や、ハンカチ、ティッシュ、おやつなどを入れたリュックサックを背負い「行ってきます。」と元気よく出かけました。家から少し離れた所にポストがあります。そこでよしこちゃんと待ち合わせをしています。よしこちゃんはもう来ていました。公園に着いてから少し遊ぶと、よしこちゃんは急に、「今日はちかちゃんのお誕生日でしょう。パーティーをしましょう。」と言って、持ってきたお菓子やお弁当を広げてから、庭で摘んできたタンポポの花束を「ちかちゃんお誕生日おめでとう。」といって渡しました。ちかちゃんはびっくりすると同時に嬉しくて仕方ありませんでした。もらった花束をもって家に帰ると、お母さんとお父さんが「ちかちゃんお誕生日おめでとう。」と言って、お母さんとお父さんで作った、果物がたくさん入っているケーキを出してくれました。今日はとても嬉しい、幸せないち日でした。

（問題23の絵を渡す。）
①このお話の季節はいつでしょうか。同じ季節の絵に○を付けてください。
②お友達と待ち合わせをした場所に○を付けてください。
③お父さんとお母さんが作ったケーキに○を付けてください。
④ちかちゃんのリュックに入っているもの全部に○を付けてください。
⑤公園の名前と同じ季節のものに○を付けてください。

〈時間〉　30秒

〈解答〉　①真ん中（ひな祭り）　②真ん中（ポスト）　③真ん中
④弁当、ハンカチ、ティッシュ　⑤ヒガンバナ、クリ、カキ

［2022年度出題］

アドバイス

単純に聞いたお話の内容を問われているのではなく、話の内容から間接的に考えて解答しなければならない問題が出題されています。最近のお話の記憶の問題を見ると、このように、内容と関連づけた解答を求められる出題が散見しており、常識や、推理などの知識がなければ解答ができない出題もあります。このような出題に対する対策として、読み聞かせの時に、ただ記憶するだけにとどまらず、関連したものを考えさせたり、質問をしてみたりすることをおすすめいたします。しかし、このような対策をとるにしても、基本となるお話を記憶することができていての話になります。特にお話の記憶は、一朝一夕には身に付きませんので、毎日、コツコツと読み聞かせを行いましょう。

【おすすめ問題集】

Ｊｒ・ウォッチャー12「日常生活」、19「お話の記憶」、30「生活習慣」、34「季節」、お話の記憶　中級編・上級編、１話５分の読み聞かせお話集①・②

問題24　分野：言語

〈準 備〉　鉛筆

〈問 題〉　絵を見てください。今から言うことに合っていたら右下の四角に印を書いてください。
絵の名前のどこかに詰まる音が入っているものに○を、伸ばす音が入っていたら△を、濁っている音が入っていたら×を書いてください。

〈時 間〉　30秒

〈解 答〉　○：リュックサック、スリッパ、パイナップル
△：ラーメン、プール、ケーキ、スカート
×：ボウシ、ブドウ、ダイコン、ランドセル、ケイタイデンワ、トンボ

[2022年度出題]

アドバイス

このような言語の問題を解く際、お子さまは声に出して考えていませんか。もし、声に出して考えているようでしたら、声を出さずに考えるように修正しましょう。実際の入試でも、声に出して考えていると、先生から注意を受けます。試験中に注意を受けることはとても悪いことではないのですが、お子さまのメンタル的ダメージはかなりのものになり、試験中に持ち直すことは難しいとお考えください。ですから、そのような事態を避けるためにも、声に出さずに考えるようにします。物の名前などは、日常生活を通して修得していくもので、読み聞かせや保護者の方とのコミュニケーションが重要となります。普段の会話をする際も、知識の習得を意識した会話をするなどの工夫をしましょう。ただ、学習として行うより、楽しみながら取り組むことで効果が上がります。ドライブ、散歩などするとき、お子さまとの会話に取り入れてみてください。

【おすすめ問題集】
Ｊｒ・ウォッチャー17「言葉の音遊び」、60「言葉の音」

問題25　分野：座標（位置）

〈準 備〉　鉛筆

〈問 題〉　今からする話をよく聞いて答えてください。
サルさんの席は、ウサギさんの席から左に２つ、上に２つ、右に４つ、下に４つのところです。サルさんはどの席でしょう。その席に○を付けてください。

〈時 間〉　10秒

〈解 答〉　下図参照

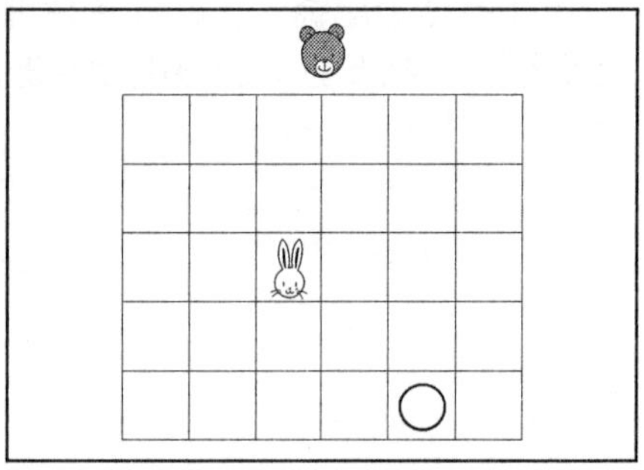

[2022年度出題]

アドバイス

このように、移動する問題はお子さまにとっていくつもの壁が存在します。まず、数え始めについて。ウサギさんから左に２つという場合、ウサギのいる場所は数えません。位置の場所を問うときと、移動するときに数え始める時とでは、数え始める位置が違うことを理解しなければなりません。先ずはその違いをしっかりと理解しましょう。次の難題は、単に場所が変化するときと、実際に人間が盤上を移動するときです。前者の場合、前後左右は常に同じですが、人の移動を伴う場合は、人の向きによって左右が変わります。その違いを理解できているでしょうか。その上で、どのようなときに左右が変わるのか、どのように変わるのかも把握しなければなりません。この違いをきちんと理解しなければ、大きなミスをしてしまうことになります。人が移動し、左右が変わることを把握するのは、自分が実際に移動して確認することがおすすめです。

【おすすめ問題集】

Ｊｒ・ウォッチャー２「座標」、47「座標の移動」

問題26　分野：図形（点図形）

〈準備〉　鉛筆

〈問題〉　左側のお手本をよく見て、見本と同じように右側に書いてください。

〈時間〉　３分

〈解答〉　省略

［2022年度出題］

アドバイス

まず、書き始めを何処に定めるかがポイントとなります。これはお子さまが書きやすい、把握しやすいところで構いません。その上で、書く線は何処まで、どのような線を書くのかをしっかりと定めてから書き進めましょう。筆記用具は本校の場合は鉛筆ですが、様々な筆記具に慣れておくようにしましょう。学校によってはクーピーペンやサインペンなどを使用する学校もあります。何度も修正をしていると、解答用紙が汚れてしまい、採点できない状態になってしまいます。それではせっかくできていても台無しです。そのようなことを回避するためにも、書く先を定めてから書くようにしましょう。また、筆記具の持ち方によっては、書いた線が薄くて判別できなかったり、力を入れすぎて筆記具を使えなくなってしまうことがあります。そのようなこともいいことではありませんから、正しい持ち方をマスターすることからスタートしてください。

【おすすめ問題集】

Ｊｒ・ウォッチャー１「点・線図形」、51「運筆①」、52「運筆②」

問題27　分野：数量（加減算）

〈準 備〉　鉛筆

〈問 題〉　（問題27－１の絵と問題27－２の絵を渡す。）
①明日は運動会です。今晩、カレーを作るためにニンジンを買いに行きました。初めに２本買ってきたのですが、また買いに行き全部で５本になりました。あとから何本買ってきたのでしょうか。ニンジンのところにその数だけ○を書いてください。
②運動会の日です。グランドには旗が飾ってあります。全部で10枚あるはずですが、木の陰になっていて残りの旗が見えません。隠れている旗はあといくつでしょうか。旗のところにその数だけ○を書いてください。
③かけっこに出る人は全部で９人です。ご褒美はみんなに出ます。園長先生の机に積んでありますが、あといくつあればよいでしょうか。ご褒美のところにその数だけ○を書いてください。
④かけっこに出る最初の人が並びました。まだそろわない人はあと何人でしょうか。並んでいる人のところにその数だけ○を書いてください。
⑤走ってきて５人がゴールしました。残りの人はあと何人でしょうか。走っている人のところにその数だけ○を書いてください。

〈時 間〉　各20秒

〈解 答〉　①○：３　②○：６　③○：６　④○：５　⑤○：４

［2022年度出題］

アドバイス

10までの数の加減算です。まずは落ち着いて問題をしっかり聞くことから始めましょう。このような問題の場合、話の記憶と同じ要領で、頭の中でイメージすると解きやすいと思います。設問の中には、話を聞いていればできる問題もありますので、確実に正解するようにしましょう。他の絵を見て判断する問題は、頭の中のイメージを思い出しながら考えると解答しやすいと思います。数の問題が得意なお子さまは、絵を見て考えなくても、話を聞いただけで、後は何をすればいいのかが解ると思います。苦手だったり、できないお子さまの場合でも、多くの類題に取り組むことで、問題を解くポイントが解ってきますから、焦らずにしっかりと取り組みましょう。数や図形など、論理的思考力を必要とする問題の場合、焦ると余計にできなくなってしまいます。

【おすすめ問題集】
Ｊｒ・ウォッチャー14「数える」、38「たし算・ひき算１」、
39「たし算・ひき算２」、41「数の構成」

問題28　分野：数量（シーソー）

〈準 備〉　鉛筆

〈問 題〉　一番上を見てください。ゾウさん１匹とクマさん２匹で同じ重さになります。下の絵で正しいものに○を付けてください。

〈時 間〉　１分

〈解 答〉　右上　右下

［2022年度出題］

アドバイス

お約束を見ると、クマ２匹とゾウ１匹の重さが同じです。ゾウ１匹とクマ１匹では、ゾウが重くなります。ゾウ２匹の場合はクマが４匹でなければ同じ重さにはなりません。そのような問題の場合、元々は、クマが２匹とゾウが１匹で同じ重さですから、その両方にクマが１匹ずつ乗れば同じ重さということです。このような乗るもの数によっては見え方が変わってくることも教えてあげてください。お子さまにどのパターンだと釣り合うのか挙げられるだけ挙げさせてみるのもよい学習になるでしょう。この問題では、実際にゾウとクマを比べると、ゾウの方が重いです。このように現実と問題の重さの関係性が合致しているとイメージしやすいですが、アリの方が重たく、ゾウの方が軽いという出題がないとは言い切れません。ですから、実際の重さに惑わされないようにすることも重要です。このような置き換え、シーソーの問題は、記号を使用して出題されることがよく見られます。

【おすすめ問題集】

Ｊｒ・ウォッチャー15「比較」、33「シーソー」、58「比較②」

問題29　分野：系列

〈準備〉　鉛筆

〈問題〉　それぞれ上に並んでいるものは、あるお約束で並んでいます。空いているところには何が来るでしょうか。上から選んで○を付けてください。

〈時間〉　各20秒

〈解答〉　上段左：カブトムシ　上段右：バッタ
下段左：メロン　下段右：クリ

［2022年度出題］

アドバイス

最初に、どの様な約束で並んでいるかお子さんに聞いてみてください。そしてその規則性は何処を見て解ったのかを確認します。保護者の方は、その位置が適切なのか、それとも他にもっと簡単な場所があるのかなど、お子さまと一緒に考えてみましょう。上は、トンボーカブトムシーバッタの約束で並んでいます。下は、クリークリーモモーメロンーメロンという約束で並んでいます。順番になっています。クリとメロンが２回続けて並んでいることが上と違った約束になっています。この系列の問題は様々な出題パターンがありますので、類題に挑戦し、レベルを上げていきましょう。この問題も、声に出さずに問題を解くようにしてください。両手を使った方法を最初から用いるのはすすめられません。その方法は、理解をしてから使うようにしましょう。

【おすすめ問題集】

Ｊｒ・ウォッチャー６「系列」

問題30　分野：推理（時間の経過）

〈準備〉　鉛筆

〈問題〉　同じ入れ物に水と氷を入れました。この中で一番、時間がたったものはどれでしょう。○を付けてください。

〈時間〉　10秒

〈解答〉　下図参照

［2022年度出題］

アドバイス

日常生活ではグラスに水と氷を入れると、時間が経つにつれ水滴がつきます。このようなことは、日常生活において誰もが経験していることです。しかしその現象に興味関心を抱いたかによって違ってきます。子どもの知識を高める要素として、興味関心はとても大きなウェートを占めます。興味関心をもったとき、お子さまは能動的に知識の習得に走り、定着もします。保護者の方は、お子さまが興味関心を持つために、どのような仕掛けをするかが家庭学習において大切なことになります。この問題に限らず、身の回りには様々な現象がありますから、どのようなことが興味関心に繋がるのか、材料を集めておくと良いでしょう。お子さま自身いろいろな事に、気がつくということは、観察力があるともとることがいえます。どれも学力の伸長には必要不可欠な要素ですから、しっかりと修得できるように環境を整えましょう。

【おすすめ問題集】

Ｊｒ・ウォッチャー13「時間の流れ」

問題31　分野：巧緻性・行動観察

〈準備〉　ハサミ、スティックノリ、模造紙１枚
問題31－２の女の子はあらかじめ点線に沿って切り取っておく。

〈問題〉
・描いてある形全部を切り取ってください。
・みんなが切り取った形を合わせて１つの絵にしましょう。決まったらノリで紙に貼り付けましょう。女の子も貼ってください。

〈時間〉　３分

〈解答〉　省略

［2022年度出題］

アドバイス

この問題は、４人程度の人数で１つのチームとなり実施しました。ハサミとスティックノリは持参したものを使用しています。持参した物は評価の対象ではありませんから、使い慣れたものを持参することをおすすめいたします。切る、貼る、塗る、ちぎるなどの作業は急に上達することはありませんから、日頃から取り組んでおくことをおすすめ致します。それぞれの注意点ですが、ハサミを使用するときは、ハサミを動かすのではなく、切る紙の方を動かします。また、使用後、刃を開いたままにしないようにしましょう。ちぎるときは、両手の親指を離れないようにしながら、少しずつちぎっていきます。破くとちぎるは違うことを理解しましょう。貼るときはノリの量、付ける位置と量も注意が必要です。また、この問題は行動観察の問題でもありますので、お友達との相談も大切な要素となります。貼る場所、取り組むときの態度なども大切であることを忘れないようにしましょう。

【おすすめ問題集】

Ｊｒ・ウォッチャー23「切る・貼る・塗る」、25「生活巧緻性」、29「行動観察」
実践ゆびさきトレーニング①・②・③

問題32　分野：行動観察（玉入れ）

〈準備〉　リボン（腰に巻き付けて蝶結びができる程度の長さ）、４～５メートル程度の高さに、たまを入れるかごを用意する。
たま入れの玉２個、れんげ１個、ピンポン玉１個、
三角コーン（スタート位置から10メートルのところに置く。）

〈問題〉　**この問題の絵はありません。**
・もらったリボンをお腹のところに巻いて、前でリボン結びをしてください。
かごにたまを入れましょう。失敗したら拾ってやり直しましょう。
・レンゲにピンポン玉を入れて、三角コーンを回って戻ってきてください。
戻ったらピンポン玉を次の人のレンゲにうまく渡してください。失敗したらやり直しましょう。

〈時間〉　適宜

〈解答〉　省略

［2022年度出題］

アドバイス

先生からは競争と言われますが、行動観察のための課題ですので、順位は評価に関係しません。このような課題で、一番大切なことはルールを守り、楽しんで取り組むことができているかです。この問題に限らず、行動観察では、指示をよく聞き、積極的に参加することが求められますので、その点を理解して取り組みましょう。この問題では、失敗したときの指示も出されていますから、慌てず、指示通りすれば問題はありません。また、のめり込むあまり、つい自分を抑えられなくなる場合がありますが、例え、周囲にそのようなお友達がいても、流されないようにすることが大切です。この問題のように、競争、順位をつけるといわれると、勝敗を優先するあまり、指示を守らなかったり、雑になったりするお子さまがいます。指示を守ることをしっかりと理解しましょう。

【おすすめ問題集】

Ｊｒ・ウォッチャー25「生活巧緻性」、28「運動」、29「行動観察」

問題33　分野：体操（模倣）

〈問題〉　この問題の絵はありません。
先生のやっていることを真似して一緒にやってください。
・スキップ・足踏み・手は腰にして体を動かす
・（問題32のコーンを使用する）スタートからコーンまでケンケンをします。帰りは走って戻ってきましょう。（この他にクマ歩き、アザラシ歩き、じゃんけん、スキップなど様々な行動の指示が出ている。）

〈時間〉　適宜

〈解答〉　省略

［2022年度出題］

アドバイス

まず、模倣体操ですが、先生のお手本を見て、することを覚えましょう。実際にするときは、恥ずかしがったり、ダラダラするのではなく、一つひとつの動作を切れよくしっかりと行いましょう。次の課題で出題されている内容は、小学校受験においては、基本的な運動となっています。この他にも、前転、ギャロップなどもあり、どれも、きちんとできるように練習しておくことをおすすめ致します。コロナ禍になり、外遊びが減っていると思いますが、身体を動かすことは積極的に取り入れる工夫をしましょう。ケンケンは途中で足の交換を指示されていませんから、同じ足でケンケンをしていきます。足の力が弱いと、途中でよろけたり、足をついたりしてしまいます。課題の内容から、途中で足をついたりする距離ではありません。課題をこなせるくらいの体力はしっかりと付けるようにしましょう

【おすすめ問題集】
Ｊｒ・ウォッチャー28「運動」、29「行動観察」、

家庭学習のコツ②　「家庭学習ガイド」はママの味方！

問題演習を始める前に、試験の概要をまとめた「家庭学習ガイド（本書カラーページに掲載）」を読みましょう。「家庭学習ガイド」には、応募者数や試験科目の詳細のほか、学習を進める上で重要な情報が掲載されています。それらの情報で入試の傾向をつかみ、学習の方針を立ててから、対策学習を始めてください。

問題34　分野：親子面接

〈問題〉　この問題の絵はありません。

志願者へ
・あなたの宝物や大事にしているものを教えてください。
・今やりたいことは何ですか。
・お手伝いについての質問がされ、それに関係する質問がされる。
・好きな動物や、食べ物について教えてください。
・何かお稽古事をしていますか。
・お休みの日は何をしていますか。

父親へ
・ご自分がよいと思っていることで、お子さまへ教えていきたいことはありますか。
・それは何から学んだことですか。
・お父様がやることで家族が喜ぶことは何でしょうか。
・お子さまはお父さまをどのように思っているとお考えですか。
・お子さまはお父さまのどのようなところが似ていると思いますか。
・奥さまの子育てで感心されてることについてお話しください。
・子どものころどの様な仕事をしたいとお考えでしたか。
・おしごとについてさし使えなければ教えてください。

母親へ
・受験準備で気をつけられたことについてお聞かせくだだい。
・女子教育についてどのようにお考えですか。
・幼稚園（保育園）に行きたくないとお子さまが言ったときどのように対処しましたか。
・子育てを振り返ってみて何か考えることはありましたか。
・お子さまの目が輝いているときはどんな時でしょうか。
・今までにご自分が成長したなと感じられるのはいつごろでしたか。
・お子さまが最近１人でできるようになったことは何ですか。

〈時間〉　約10分

〈解答〉　省略

［2022年度出題］

アドバイス

コロナ禍らしい質問だと感じます。各校、入学した児童のみならず、ご家庭で様々な問題が増加していると言われています。そのようなことを回避すべく、保護者の方には学校のことではなく、保護者自身の考え、生き方などを質問しています。このような質問の場合、学校が気に入る回答を模索するのではなく、ご自身の考えをしっかりと伝えるようにすることをお勧めします。面接テストで観られているのは、回答だけではありません。回答している時の態度、姿勢、言葉の力強さ、目力など、総合的に観察して、回答を評価します。実際のところ、暗記した回答、よく考えてこなかった回答などは、面接官には解ってしまいます。どうやって上手く見せるかを考えるよりも、ご自身の意見、考え、生き方、家族に自信を持って面接に臨みましょう。特にコロナ禍だからこそ、このようなことが求められていると言えるでしょう。

【おすすめ問題集】
新・小学校面接Ｑ＆Ａ、面接テスト問題集、保護者のための入試面接最強マニュアル

問題35　分野：巧緻性・行動観察

〈準備〉　鉛筆

〈問題〉　①上の絵を見てください。鳥がいますが、この後２羽来ました。全部で何羽になりますか。鳥のマークの四角にその数だけ○を書いてください。
②ここにいるリスがお花を１輪ずつ摘みました。花は何本余りますか。花のマークの四角にその数だけ○を書いてください。
③ここにいる６匹のリスがリンゴを２個ずつ食べると、何個足りないですか。リンゴのマークの四角にその数だけ○を書いてください。
④えい子ちゃんのお家のイヌは、耳が立っていて尻尾がくるっと回っていて、黒くて足の先だけ白いイヌです。右下の四角から正しいものを選んで○をつけてください。

〈時間〉　各20秒

〈解答〉　①○：５　②○：３　③○：２　④右から２番目

［2020年度出題］

アドバイス

①～③は数量の問題ですが、いずれも指示や条件が複雑です。数える、数の足し引きができるということに加えて、指示を理解する能力も求められています。②③は「一対多の対応」という問題ですが、何を聞かれているのかがわからないと、計数ができていても答えられないのです。問題の仕組み自体がわかりにくいようであれば、積み木やおはじきといった具体物を使って説明しましょう。なお、④は、それまでの問題とは関係のない「聞き取り」の問題でしょう。聞きながら当てはまる絵を探してもよいですが、なるべく聞き終わってから探すようにしてください。「聞く」と「探す」を分けた方が混乱しませんし、答えの精度も上がります。

【おすすめ問題集】

Ｊｒ・ウォッチャー14「数える」、42「一対多の対応」

家庭学習のコツ③　効果的な学習方法～問題集を通読する

過去問題集を始めるにあたり、いきなり問題に取り組んではいませんか？　それでは本書を有効活用しているとは言えません。まず、保護者の方が、すべてを一通り読み、当校の傾向、ポイント、問題のアドバイスを頭に入れてください。そうすることにより、保護者の方の指導力がアップします。また、日常生活のさまざまなことから、保護者の方自身が「作問」することができるようになっていきます。

問題36　分野：言語（総合）

〈準 備〉　クーピーペン（青）

〈問 題〉　**この問題の絵は縦に使用してください。**
上の段を見てください。
・この中で「フォーク」のように、伸ばす音が名前にあるものはどれですか。△をつけてください。
・この中で「バケツ」のように「ばびぶべぼ」の音が名前にあるものはどれですか。×をつけてください。
・この中で「プリン」のように「ぱぴぷぺぽ」の音がが名前にあるものどれですか。○をつけてください。
下の段を見てください。
・この中で「はく」という絵はどれですか。○をつけてください。
・この中で「しぼる」という絵はどれですか。◎をつけてください。
・この中で「たたむ」という絵はどれですか。×をつけてください。

〈時 間〉　各30秒

〈解 答〉　下図参照

［2020年度出題］

アドバイス

上の段は言葉の音に関する問題です。「言葉が音の組み合わせでできている」とお子さまがわかっていれば難なく答えられるでしょう。難しい絵もありません。下の段は、言葉とそれに当てはまる動作の絵を探すという問題です。最近よく見られる問題ですが、生活の中、しかも家事に関する動作が出題されることが多いようです。「ぞうきんをしぼる」といった動作を見たことがないお子さまが中にはいるかもしれません。もし、そういう動作が絵にあるようでしたら、使われている道具を含めて説明してください。こうした問題で学ぶのもよいですが、実際に体験した方が印象に残りやすいので、できればお子さまにその作業をする機会を設けてください。

【おすすめ問題集】
Ｊｒ・ウォッチャー17「言葉の音遊び」、18「いろいろな言葉」、
60「言葉の音（おん）」、口頭試問最強マニュアル　生活体験編

問題37　分野：図形（重ね図形）

〈準備〉　鉛筆

〈問題〉　①左の四角の２つの形は透明な紙に描かれています。２つの形を重ねた時、どのように見えるでしょうか。右の四角から正しいものを選んで○をつけてください。
③左の四角の折り紙を点線で切り、開くとどのようになっているでしょうか。右の四角から正しいものを選んで○をつけてください。
③も同じようにやりましょう。

〈時間〉　各１分

〈解答〉　①真ん中　②左　③真ん中

［2020年度出題］

アドバイス

①は重ね図形の問題です。単純に形を重ねるだけなので難しい問題ではありません。基本的な考え方は形を重ねると、１．どの線（形）が増えるのか、２．どの線（形）が重なるのかと考えていきます。この時、ピッタリと重なる線（図形）があるかどうかに注意してください。間違えるとすれば、このポイントです。②③は図形の展開の問題です。慣れれば切った後の折り紙を広げるイメージができるのですが、経験がないとスムーズに答えられないかもしれません。折り紙を問題の通りに折り、切り抜いてから広げるという作業をお子さまに行わせてください。その過程でお子さまは、折り紙を開くということはどういうことなのか、切り抜かれた形どのように変化するのかを理解するのです。

【おすすめ問題集】

Ｊｒ・ウォッチャー５「回転・展開」、35「重ね図形」

問題38　分野：推理（系列）

〈準備〉　鉛筆

〈問題〉　あるお約束で、四角形の中に形が並んでいます。太くなっている枠の中にあてはまる形を下の四角の中から選んで○をつけてください。②も同じように答えてください。

〈時間〉　１分

〈解答〉　①左　②右

［2020年度出題］

アドバイス

系列の問題です。完成させるには、どのような約束でものが並んでいるかを前後（上下左右）のパターンから推理し、空所に入るものを考えなければなりません。まずは約束を見つけることが重要ですが、約束を見つけるためには次の方法を試すとよいでしょう。同じ形や絵を２つ探して別々の指で押さえ、その手の形のまま、ずらすようにして前後させながら、空所に入るものを特定してください。ただし、このやり方だと問題によってはかなり指を器用に動かさないと解答できないことがあります。基礎の段階ではハウツーは有効ですが、少しひねった問題になると混乱する原因にもなります。基本の学習方法（多くの類題にあたって「お約束を考える・発見する」という考え方）で理解した方が次の学習へつながります。

【おすすめ問題集】
　Ｊｒ・ウォッチャー６「系列」

問題39　分野：推理（比較）

〈準備〉　鉛筆

〈問題〉　絵を見てください。この中で一番長いひもに○、両端をひっぱると結ぶことができるひもに×をつけてください。

〈時間〉　30秒

〈解答〉　下図参照

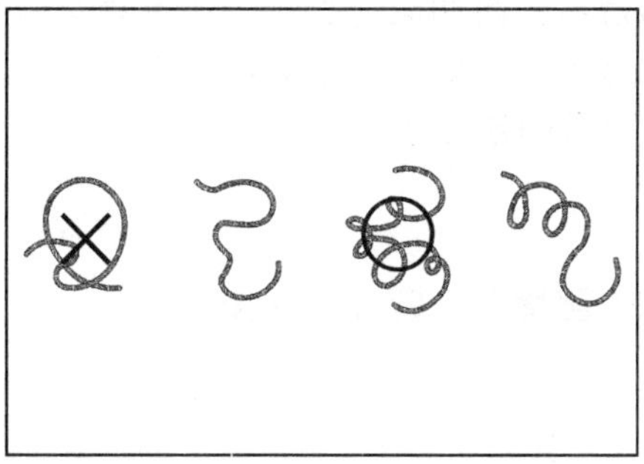

[2020年度出題]

アドバイス

ひもの長さを比べる問題は当校でよく出題されますが、ここでは「結べる・結べない」も同時に聞いています。２つはほとんど関係ないので別々に考えましょう。まず、長さの比較についてですが、直感でわかっても必ず理由をつけて答えてください。「カーブの部分が大きい」「巻いている回数が多い」など、なんでも構いませんが、観察して考えることが将来の学習にもつながります。次に「結べる・結べない」についてですが、これは経験的にわかっていればよいことでしょう。ちょうちょ結びなど、ひもの結び方を練習した時に理解すればよいことです。

【おすすめ問題集】
　Ｊｒ・ウォッチャー15「比較」、31「推理思考」

問題40　分野：記憶（置き換え）

〈準 備〉　鉛筆

〈問 題〉　上の段のマス目にに書いてある○は×に、△は○にして下の段に印を書いてください。ほかの印は書かないでください。

〈時 間〉　30秒

〈解 答〉　下図参照

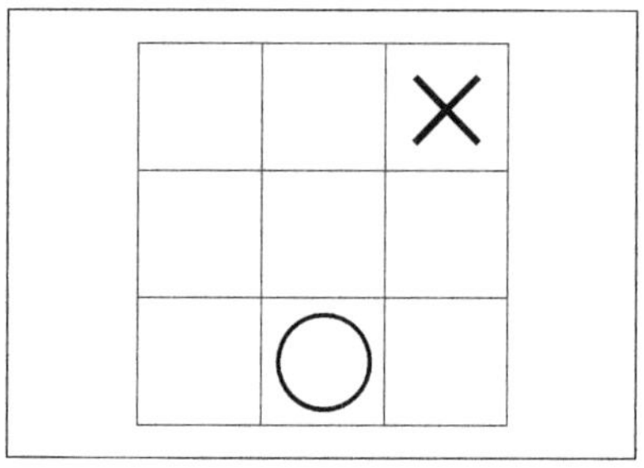

［2020年度出題］

アドバイス

「置き換え」の問題です。置き換えるという考え方はそれ自体がお子さまには難しいので、見た目よりは難しい問題と言えるでしょう。こういった複雑な問題は一度に答えようとせず、作業を切り分けて答えてください。この問題なら、①はじめに見本を見て、図形の位置と形を覚える　②指示に従って記号に置き換える、と切り分けるのです。とは言えこの解き方もお子さまには難しいでしょうから、最初は上の段の印を見ながら、１つずつ書いていってください。時間が足りなくなっても、焦ることはありません。こういった問題ではまず答える、そしてその作業を確実に行いましょう。

【おすすめ問題集】

　Ｊｒ・ウォッチャー20「見る記憶・聴く記憶」、57「置き換え」

問題41　分野：推理（位置の移動）

〈準備〉　クーピーペン（黒または赤）

〈問題〉　鐘が1回鳴ると、パンダは2回、サルは3回、○の中を矢印の方向に移動します。鐘が2回鳴ると、2匹はどこに行きますか。その場所にそれぞれ○をつけてください。

〈時間〉　30秒

〈解答〉　下図参照

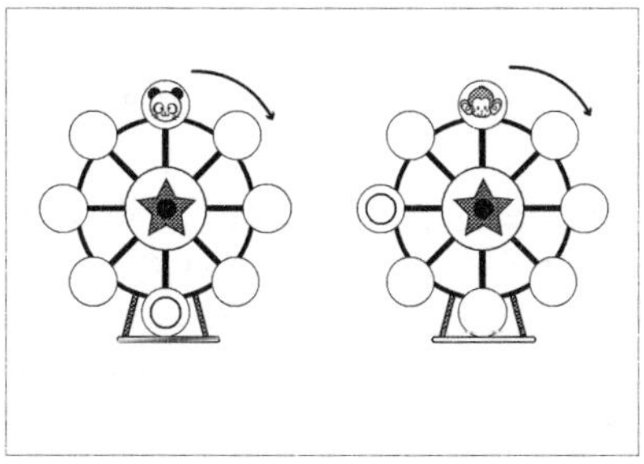

［2020年度出題］

アドバイス

観覧車の絵が描いてありますが、系列の問題ではなく、単純な位置の移動の問題です。単純な問題ですから、この問題のポイントはとにかく指示を聞き取ることになります。指示にしたがって、移動する○を押さえれば答えは出ます。グリッド（マス目）を移動する位置移動の問題は当校の入試でよく出題されますが、円で行うのはおそらくはじめてでしょう。大切なのはこうした問題を見ても慌てないことです。基礎問題でも、ユニークな切り口で出題するというのは、当校の1つの特色とも言えるので、前述したように指示をよく聞き、理解した上で答えるという姿勢は常に持っておきましょう。

【おすすめ問題集】

Ｊｒ・ウォッチャー47「座標の移動」

問題42　分野：記憶（お話の記憶）

〈準備〉　クーピーペン（青）

〈問題〉　**この問題の絵は縦に使用してください。**

今日はクリスマスイブです。ウサ君とウサ子ちゃんは、プレゼントの準備で散らかったサンタクロースのお家に、片付けの手伝いに来ました。片付けをしていると、ウサ子ちゃんは赤いリボンが落ちているのを見つけました。ウサ子ちゃんは最初、頭に付けてみました。しかし、どうも似合いません。今度は左耳に付けてみました。「どうかな？」とくるっと回ってみると、リボンはゆるくてぶらんぶらんしてしまいました。そこで、右耳に付けてみるとぴったり似合いました。ウサ君は「いいなぁ」と、思ってリボンを探しました。すると青いリボンを見つけました。まず、お腹に付けてみましたが、リボンがおへそに見えてかっこ悪かったので外しました。次に足に付けてみました。なかなか似合っていてウサ君は気に入りましたが、ウサ子ちゃんに「首に付けたほうが素敵よ」と言われたので仕方なく首に付けました。いよいよサンタさんが出かける時間が近づいてきました。窓の外を見るとお星さまがいっぱい輝いています。２人は「この後の天気はどうなるのかな」と天気予報を見てみることにしました。すると「もうすぐ雨が降って雷が落ちるでしょう。明日は朝早くに雪が降るでしょう」と言っています。でもサンタさんは「大丈夫、大丈夫」と言ってソリに乗りました。出発する前にプレゼントの届け先のメモを見てみました。「風邪をひいている男の子には暖かいふわふわの帽子、おばあさんにはお花、元気な男の子は本を読むのが好きなので、赤ずきんや親指姫、一寸法師や金太郎がのっている絵本をあげる」と書いてありました。出発するサンタさんに２人は窓から「ばいばい、いってらっしゃい」と手を振りました。

（問題42の絵を渡す。）

①ウサ子ちゃんがリボンを付けるのに気に入ったところはどこですか。一番上の段から選んで○をつけてください。

②ウサ君が最初にリボンを付けたのはどこですか。上から二番目の段から選んで○をつけてください。

③サンタさんが出かけた時の天気はどれですか。下から二番目の段から選んで○をつけてください。

④サンタさんが誰に何をプレゼントしますか。正しいものを下から二番目の段から選んで○をつけてください。

⑤元気な男の子にあげた絵本の中になかったお話はどれですか。一番下の段から選んで○をつけてください。

〈時間〉　①②③⑤各15秒　④30秒

〈解答〉　下図参照

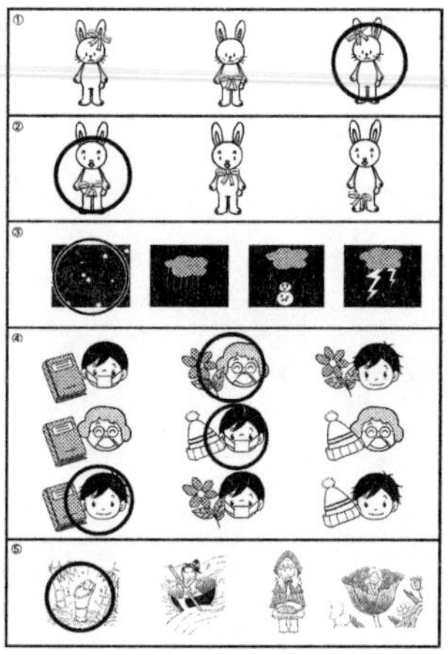

［2020年度出題］

アドバイス

過去にはもう少し長いお話も出題されたようですが、最近は500～600字程度という形に落ち着いてきました。質問数は４～５問で、お話の流れに沿った質問と常識などについて聞く質問が入り交じる形になっています。ただし、お話と関係のない質問で聞かれるのは、基礎的な知識で、ある程度学習を進めているお子さまなら答えられるものです。特別な対策が必要なものではありません。内容は年によって変わり、同年代のお子さまの日常の話もあれば、この問題のお話のようにファンタジーに近いものもあります。注意すべきなのは、ものや人の登場する順番や色や形など、細かな点についての質問でしょう。④のような問題です。自然に覚えられるお子さまは別ですが、「誰が」「誰に」「何を」「どうやって」という部分は注意して聞いてください。

【おすすめ問題集】

１話５分の読み聞かせお話集①②、１話７分の読み聞かせお話集入試実践編①、お話の記憶 初級編・中級編・上級編、Ｊｒ・ウォッチャー19「お話の記憶」

問題43 分野：親子面接

〈準 備〉 なし

〈問 題〉 この問題の絵はありません。

質問に答えてください。

志願者へ

・お名前を教えてください。
・お家での遊びの中で、好きなことは何ですか。

保護者へ

・ふだん、お子さまと何をして遊びますか。
・幼稚園、保育園の行事で思い出に残っていることを教えてください。
・お子さまの将来の夢は何ですか。
・お子さまが、お父さまに似ているところはどこですか。
・お子さまは、嫌いな食べ物が出てきた時に、どうしますか。
・どんな時に、お子さまの目が輝きますか。
・家族での外食は、週何回くらいとっていますか。
・女子教育で大切なことは何だと思いますか。
・学生時代の思い出をお話しください。

〈時 間〉 約10分

［2020年度出題］

アドバイス

面接は考査日の前に行なわれます。面接の直前にはアンケート記入を行いますが、面接ではアンケートをもとにした質問もあるようなので、事実と異なるような記述はしない方がよいでしょう。面接時間は10分程度で、親子３人と試験官３名が出席して行われます。質問内容は例年、大きく変わりません。「女子教育に必要なことは何か」「キリスト教を背景とした人格教育についてどのように思うか」といった保護者同士のコンセンサスが必要な質問については準備しておきましょう。面接中も張りつめた感じはなく、終始、和やかに行なわれますが、唯一「併願」に関してはかなり神経を尖らせているようです。「御校が第一志望です」と繰り返しておけば、それほどしつこくは聞かれません。間違っても「併願校の１つ」といった印象を持たれないようにしてください。

【おすすめ問題集】

新 小学校受験の入試面接Ｑ＆Ａ、面接テスト問題集、入試面接最強マニュアル、新口頭試問・個別テスト問題集

2025年度　東洋英和女学院小学部　過去　無断複製／転載を禁ずる　日本学習図書株式会社

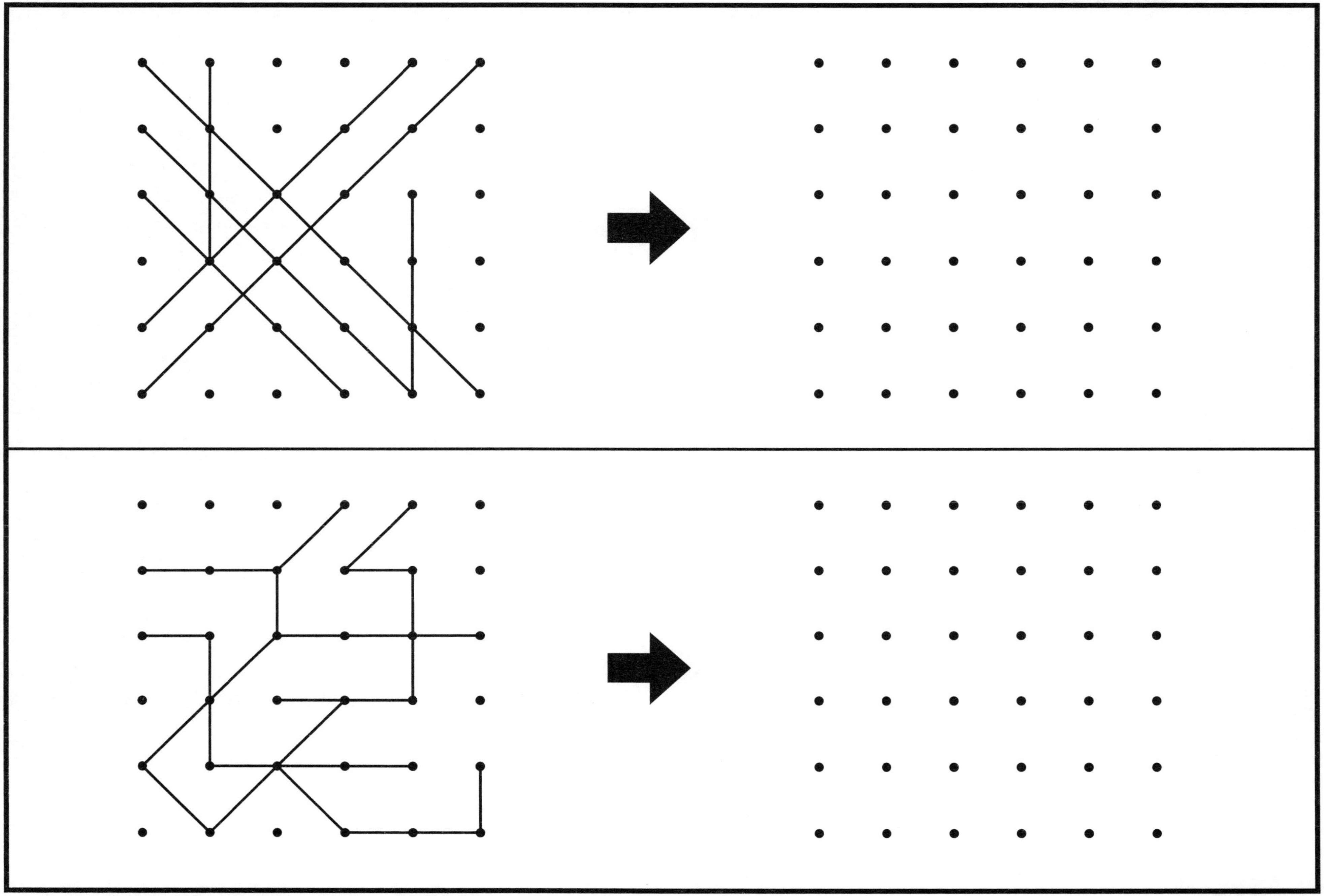

2025年度　東洋英和女学院小学部　過去　無断複製／転載を禁ずる　　日本学習図書株式会社

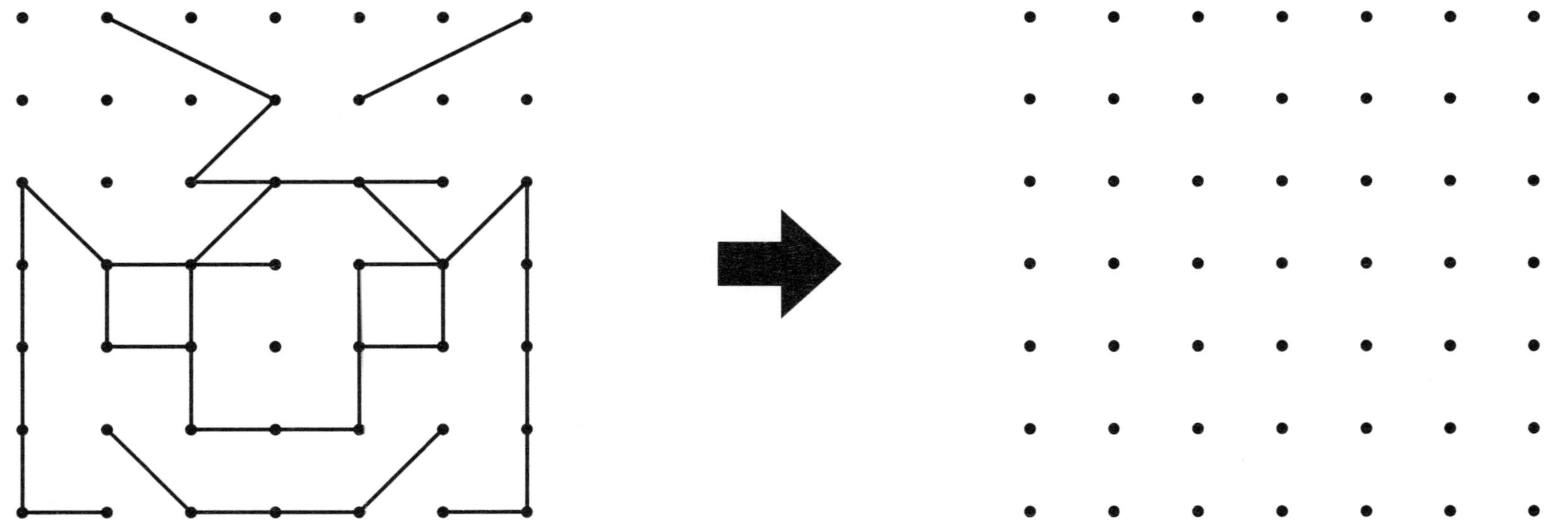

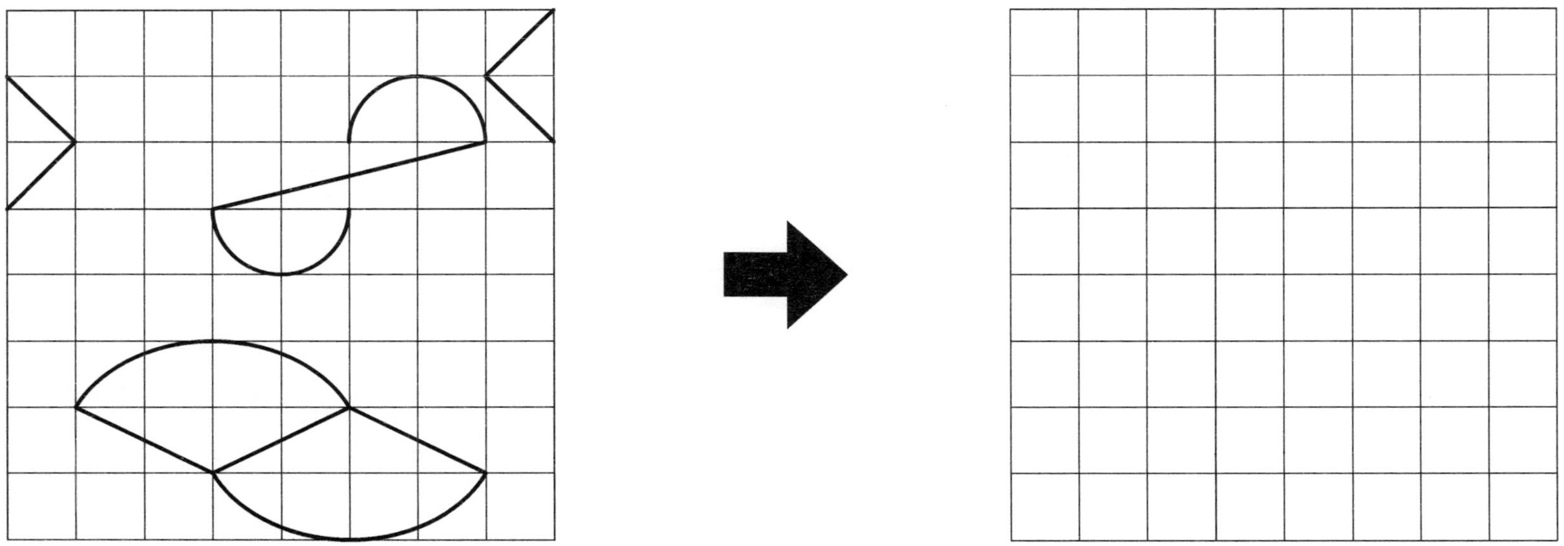

問題2

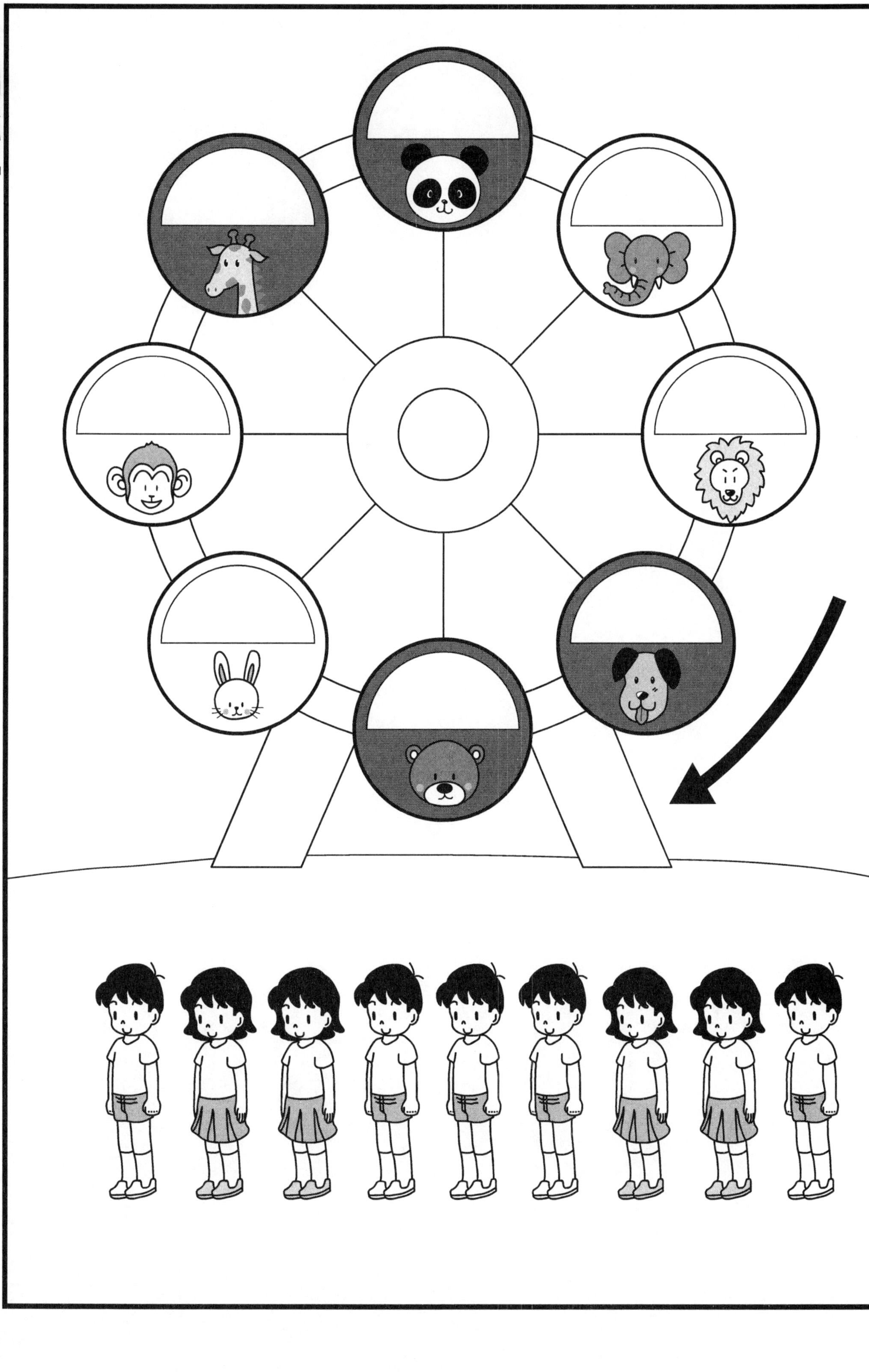

2025 年度　東洋英和女学院小学部　過去　無断複製／転載を禁ずる　　日本学習図書株式会社

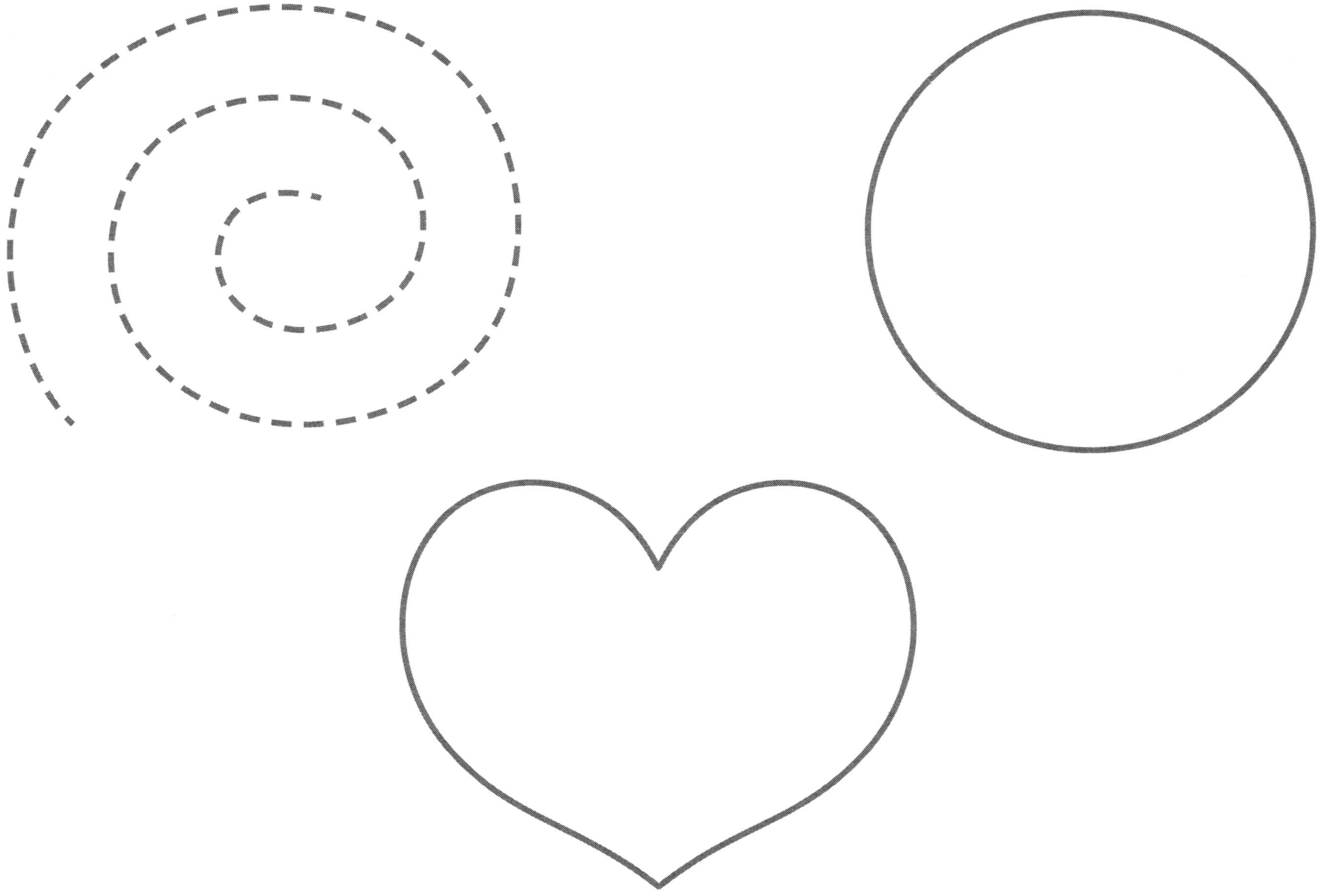

問題 4

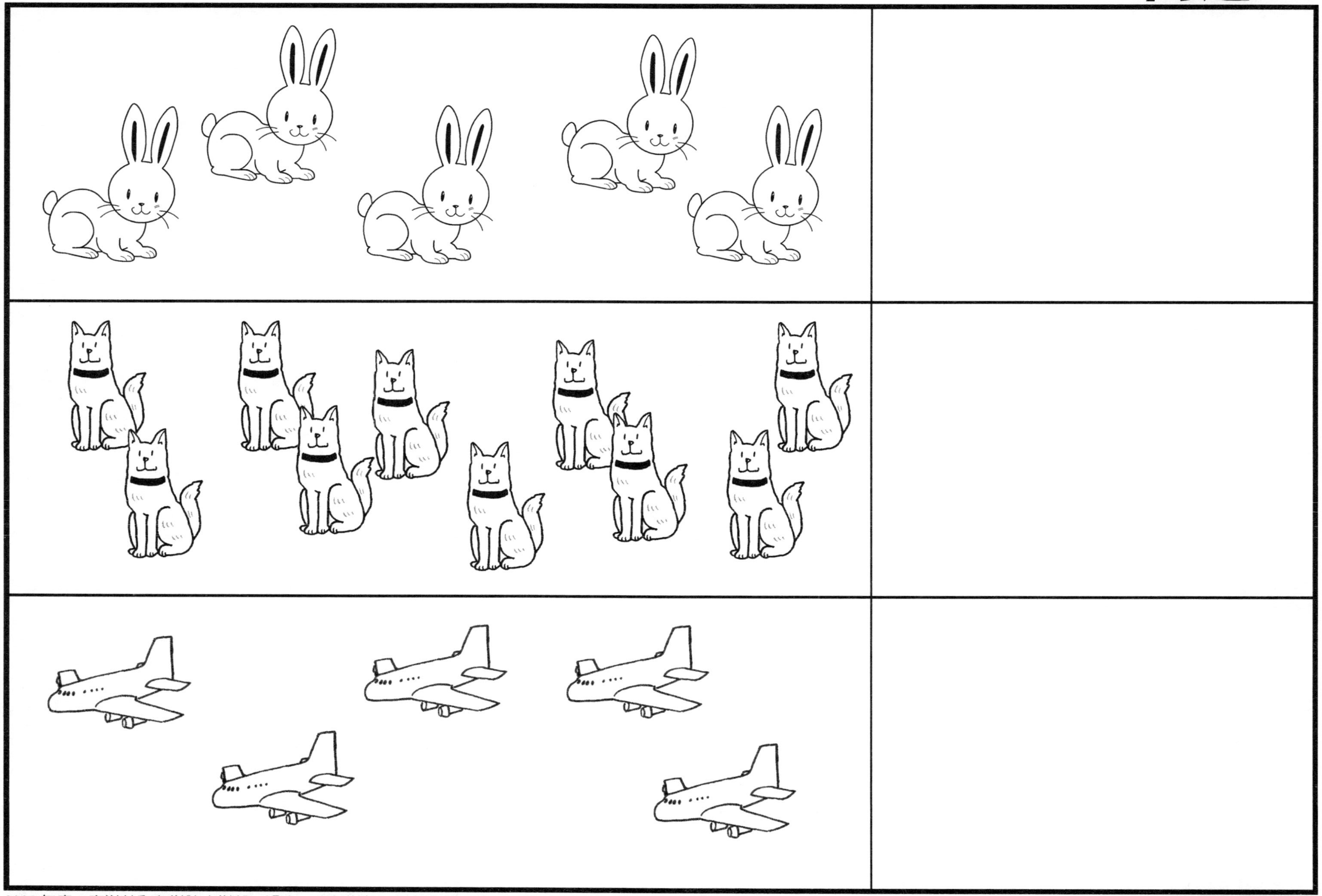

問題5

問題11－1

問題11－1

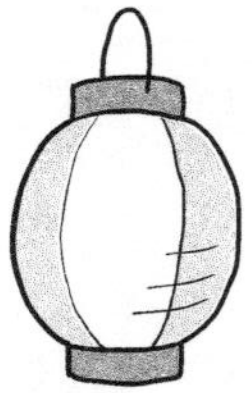	

問題１２

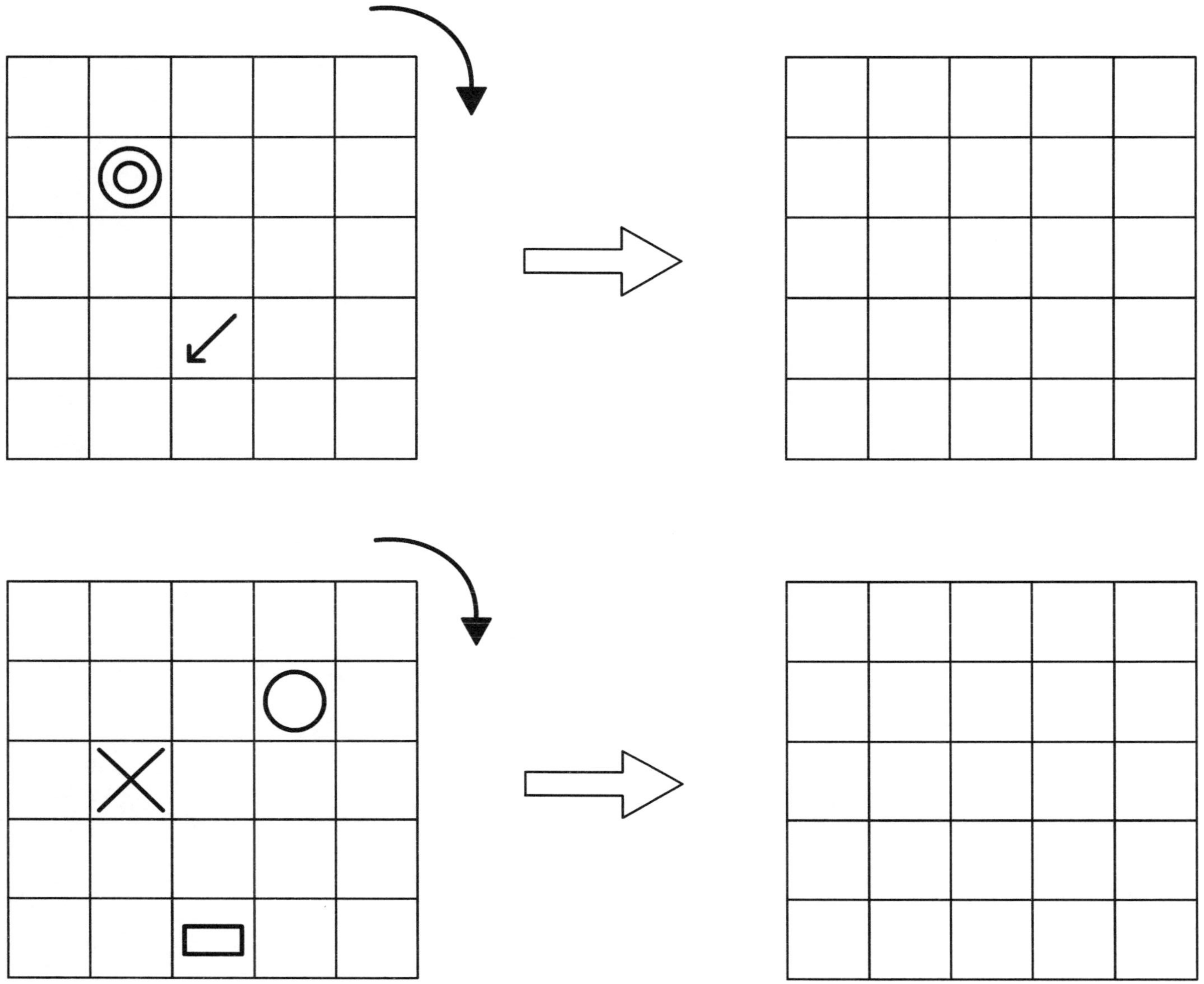

問題13

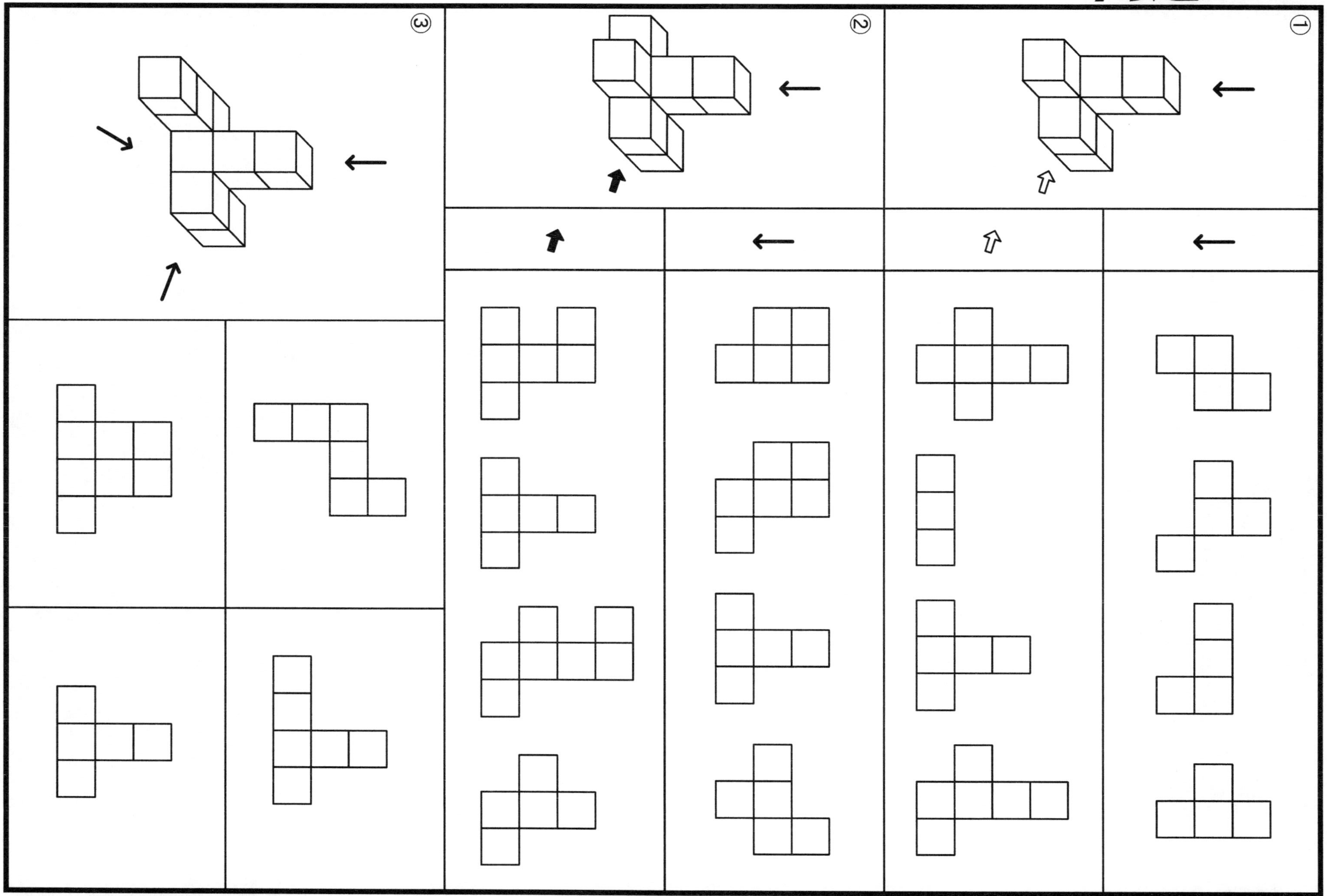

問題１４

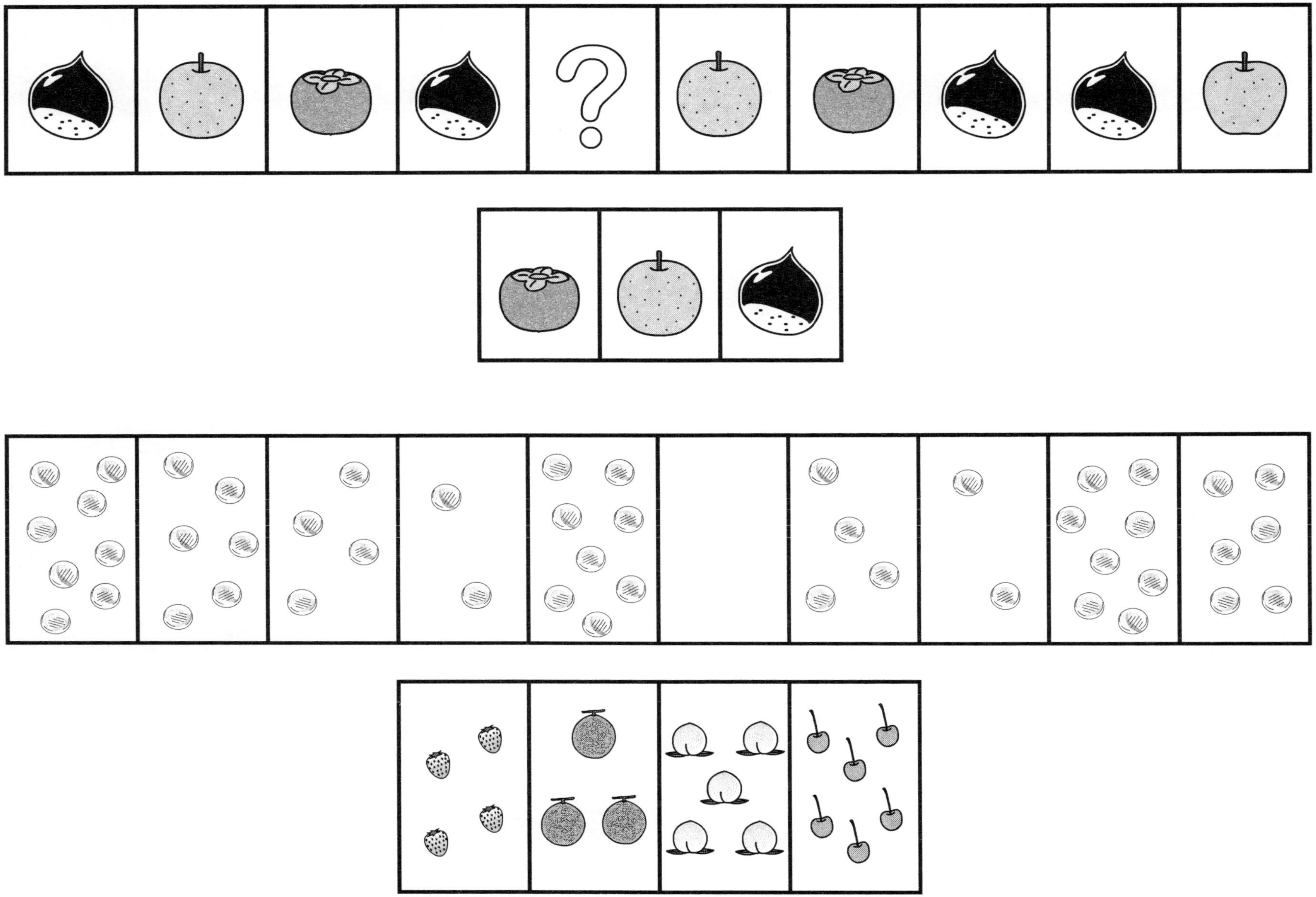

問題１５

①

②

③

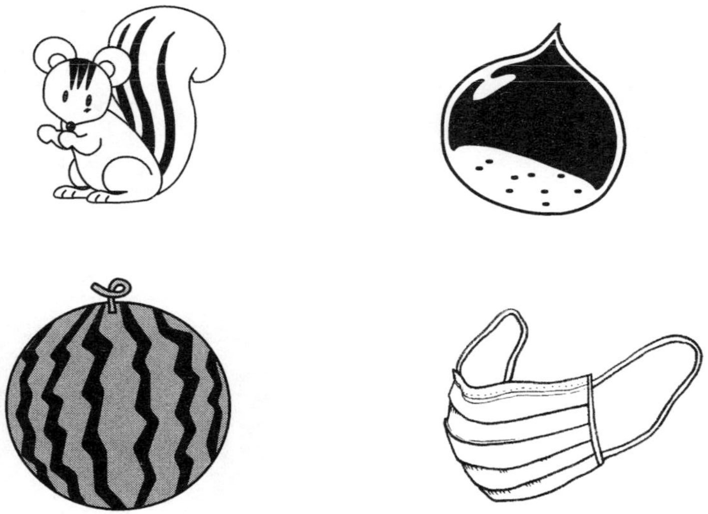

④

問題１６

→	↓	↗	↑	↘	↑	↓	→	←	↖

◎		×
	△	
	●	
▽	×	◎
×		◁

○	×
	△
◎	◎
×	
△	○
□	
	×

日本学習図書株式会社

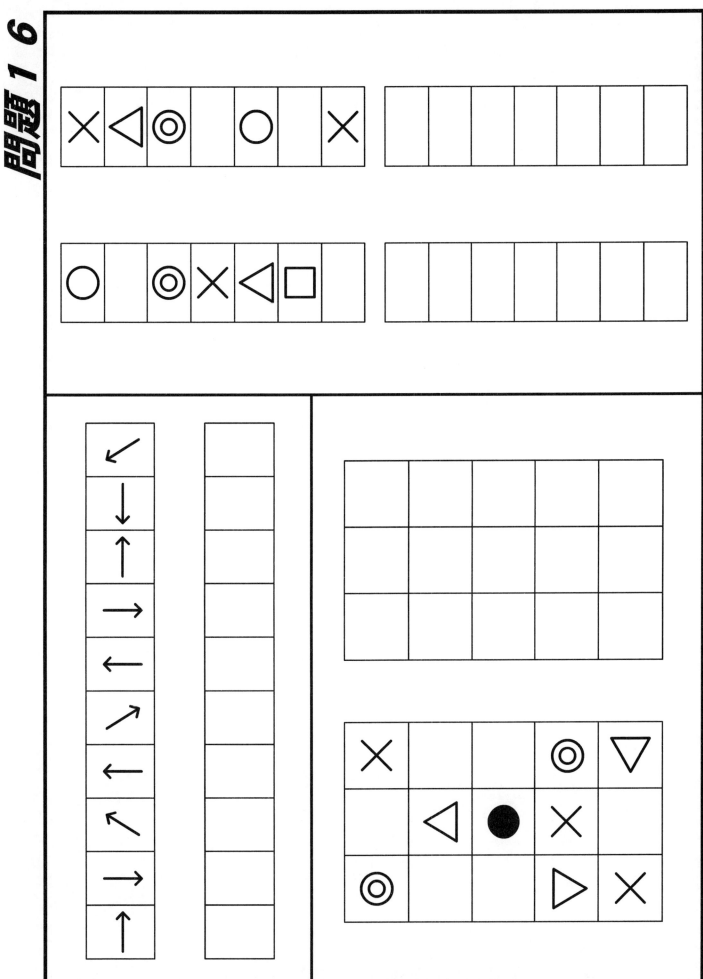

2025 年度　東洋英和女学院小学部　過去　無断複製／転載を禁ずる　　日本学習図書株式会社

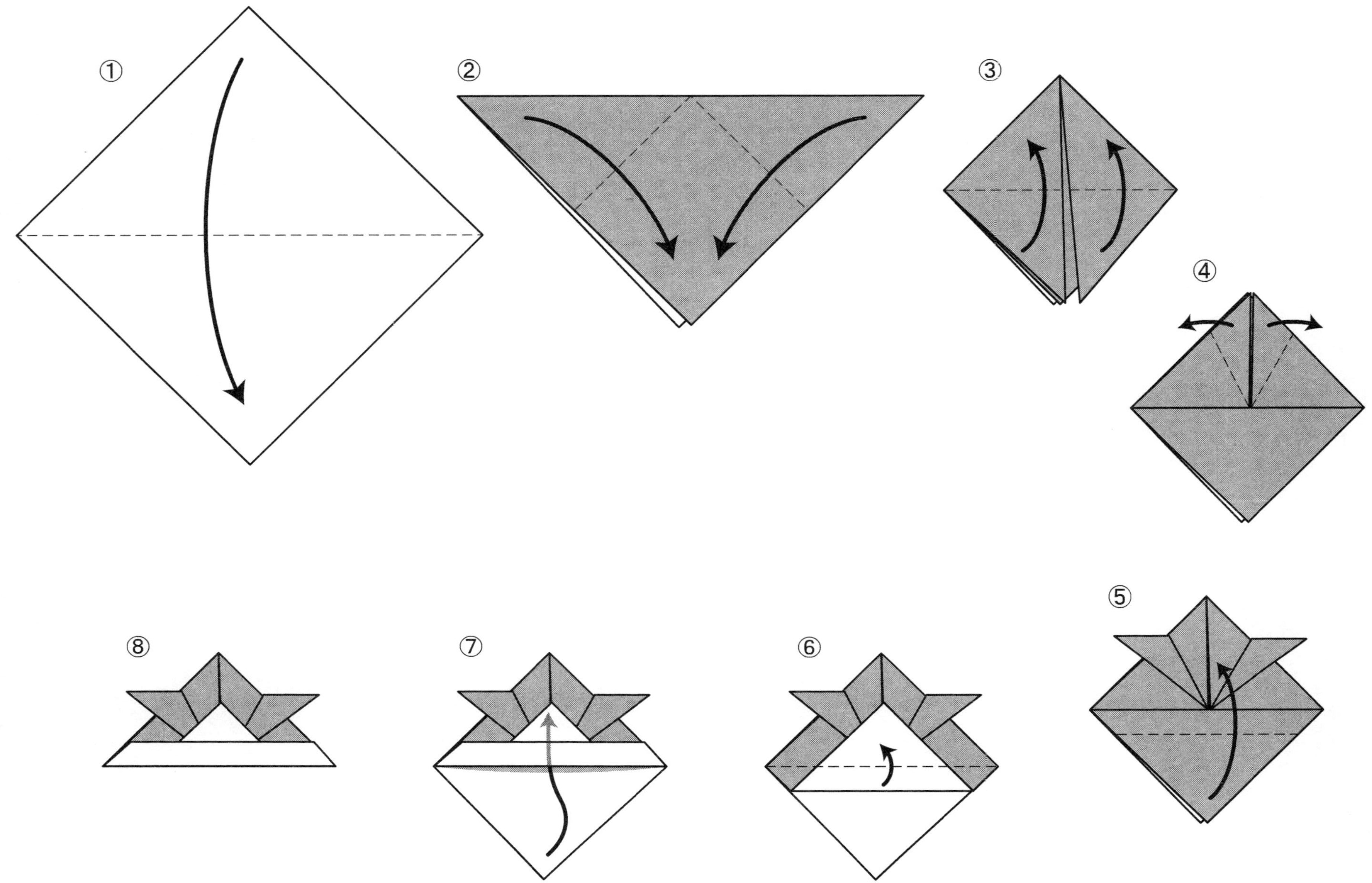

2025年度　東洋英和女学院小学部　過去　無断複製/転載を禁ずる　日本学習図書株式会社

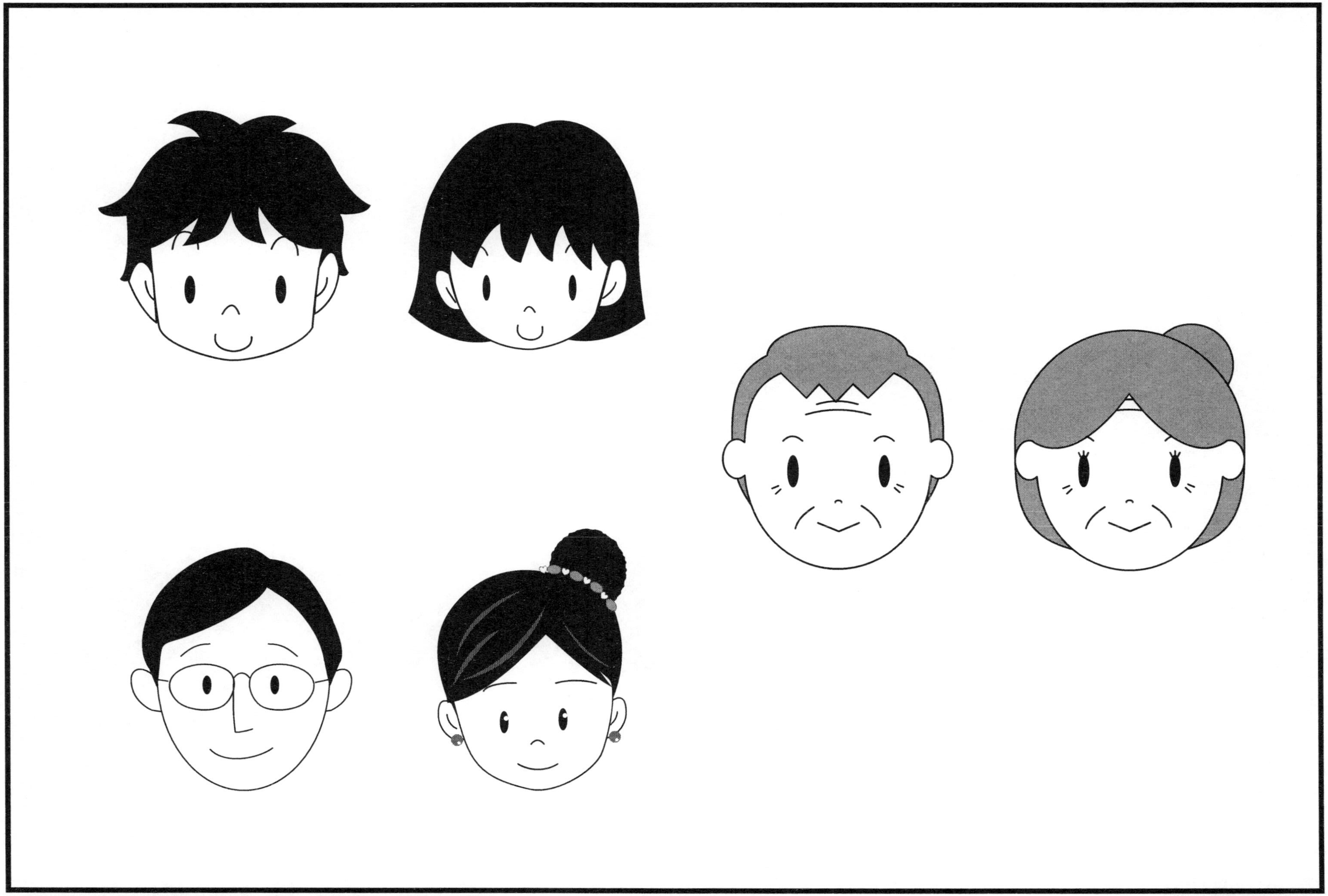

5 m

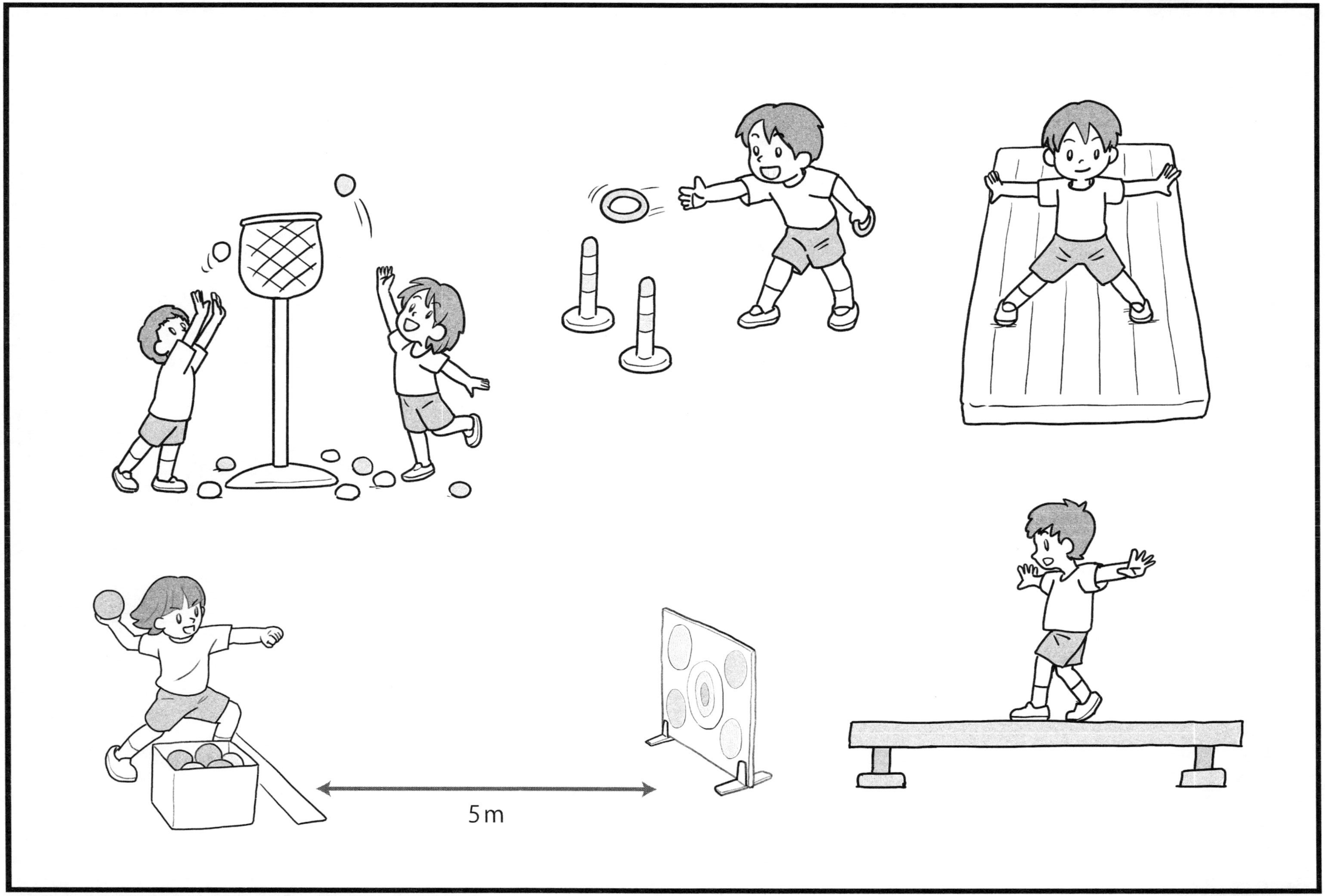

問題2 3

①

②

③

④

⑤

問題２４

問題25

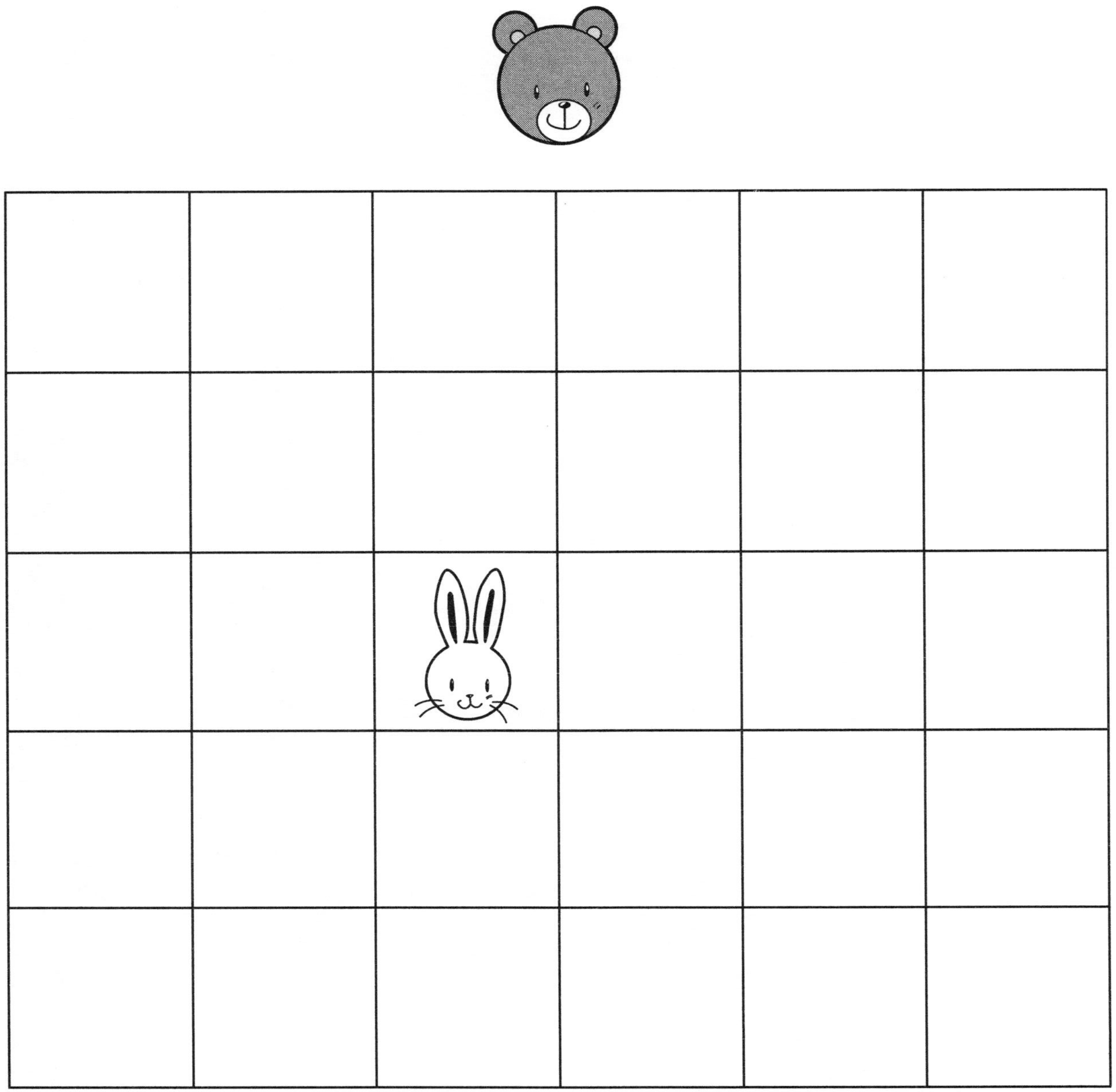

問題２６－１

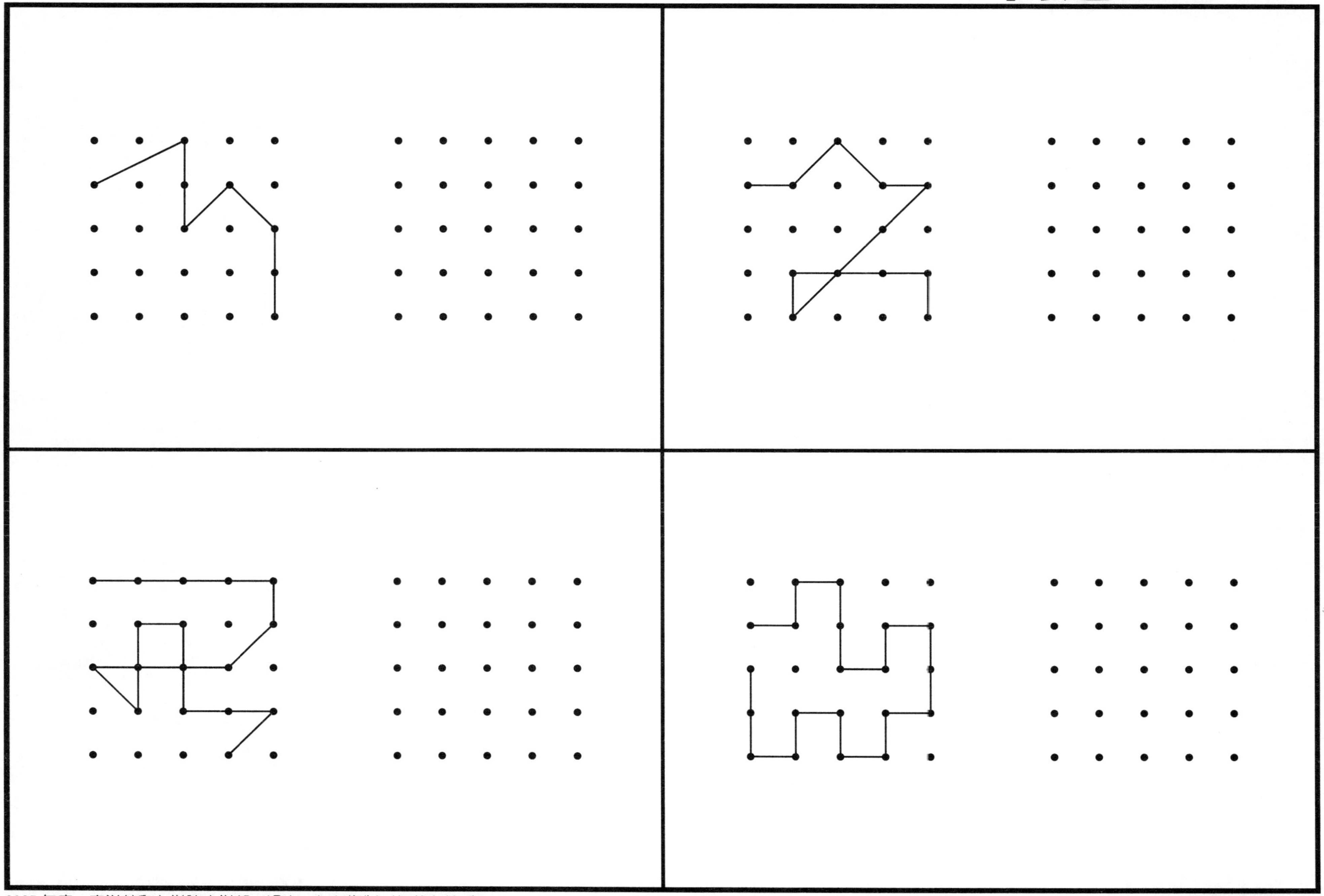

問題26－2

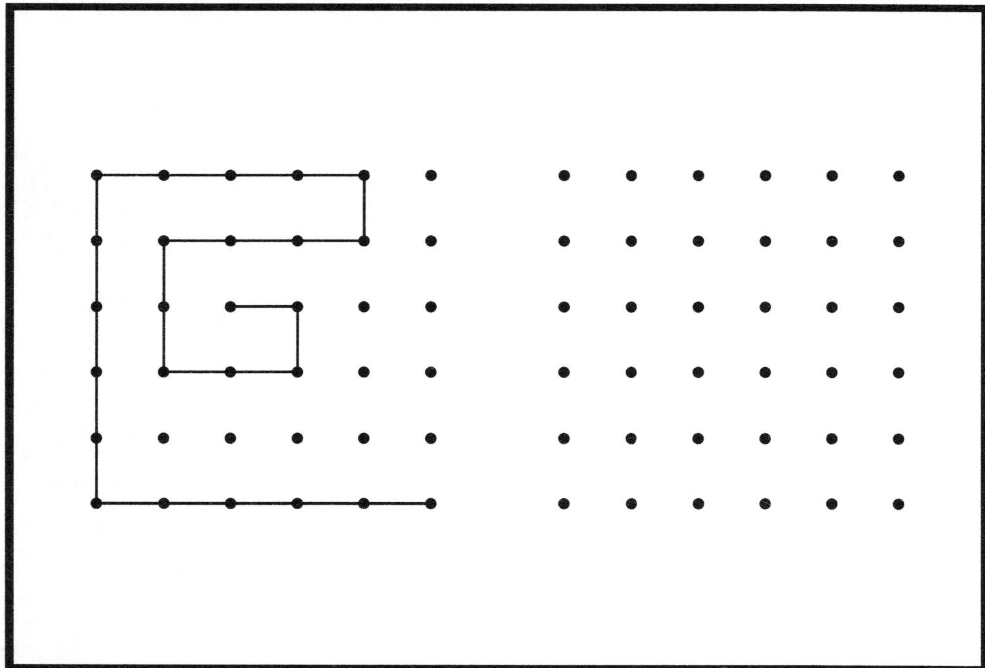

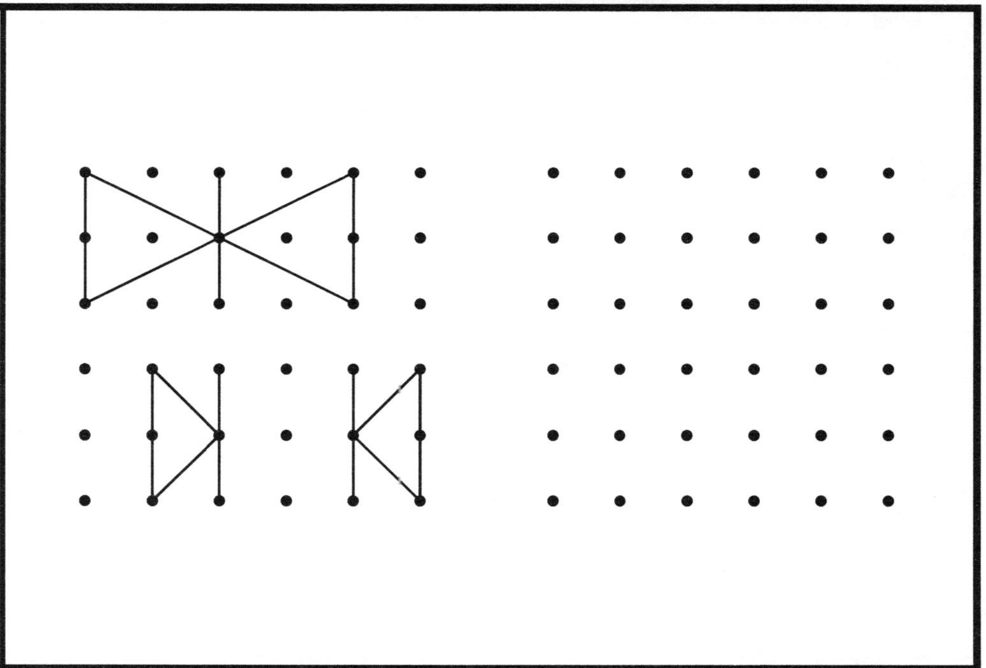

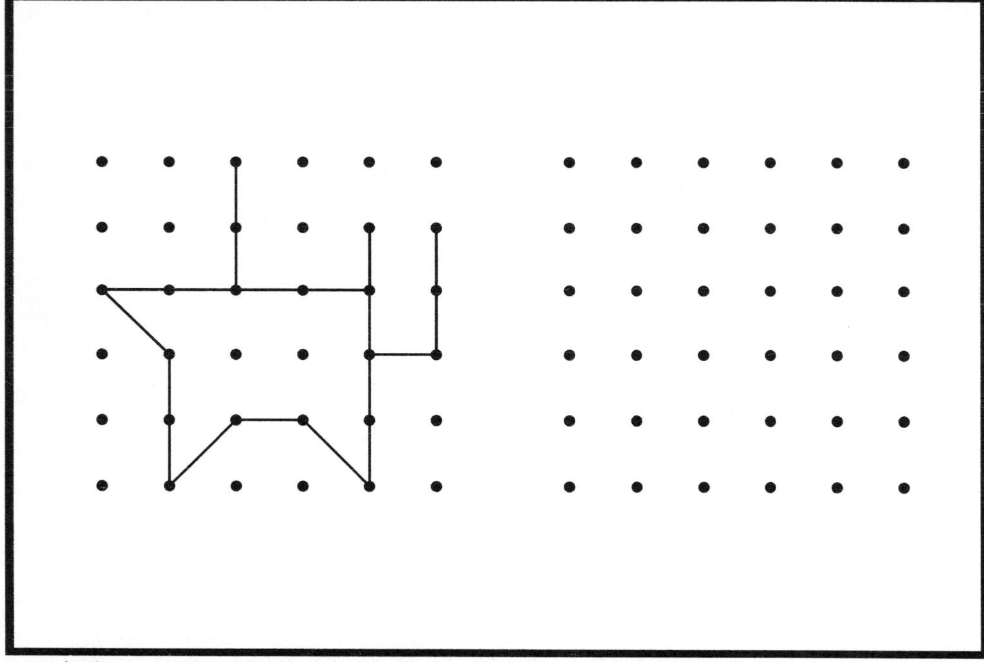

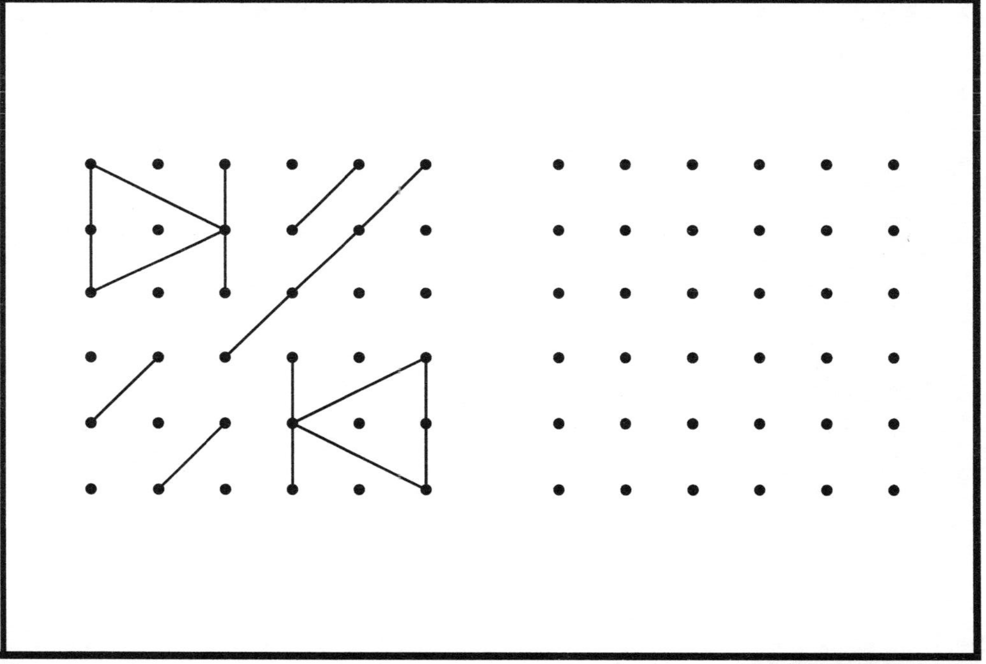

2025 年度　東洋英和女学院小学部　過去　無断複製／転載を禁ずる　　　　　　日本学習図書株式会社

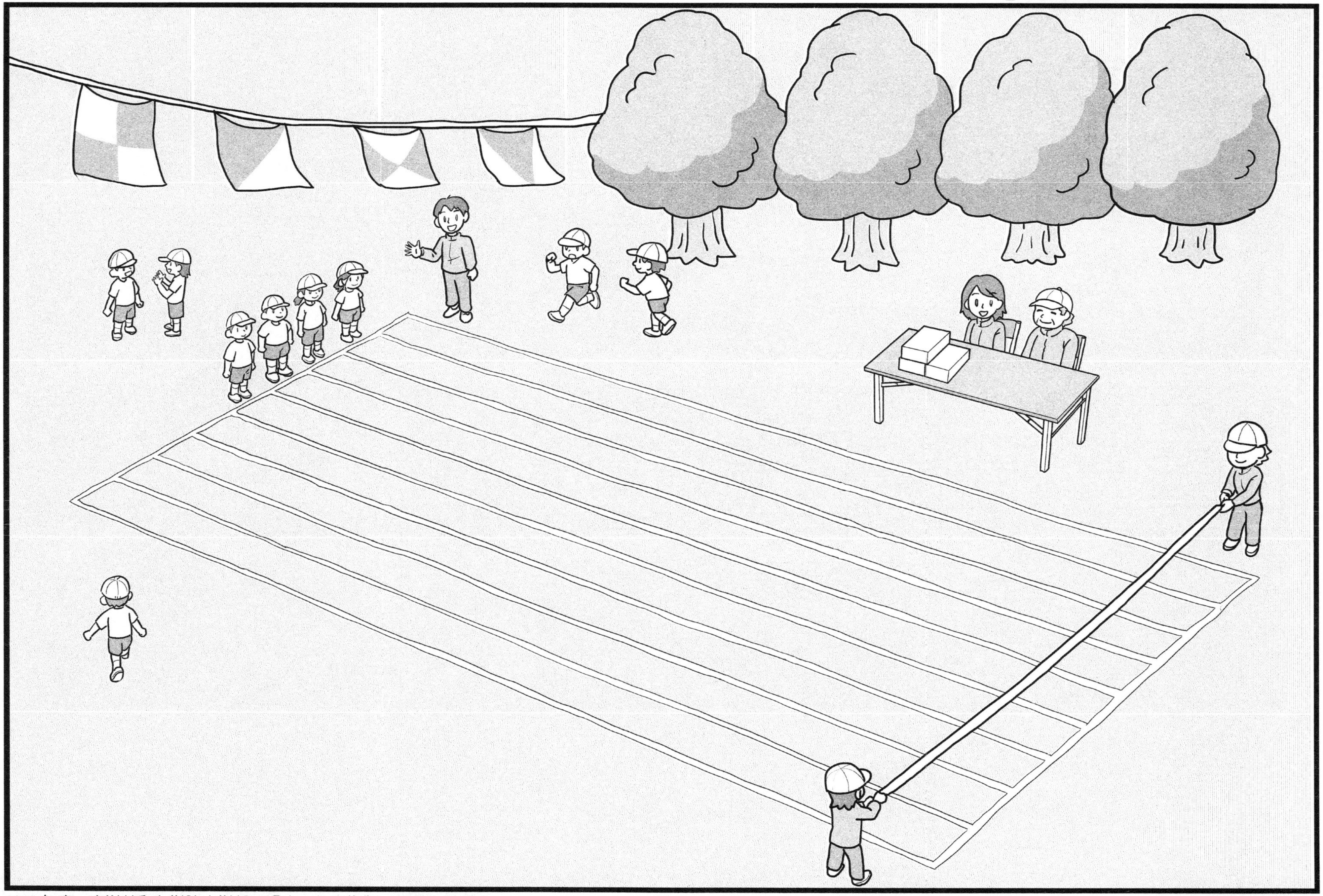

問題２７－２

① 	
② 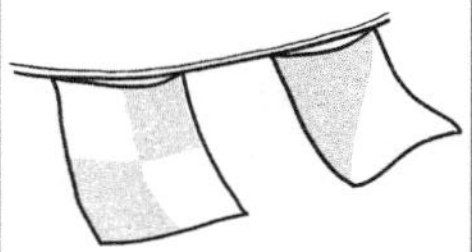	
③ 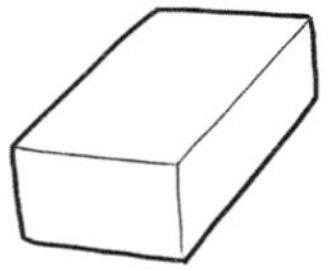	
④ 	
⑤ 	

2025 年度　東洋英和女学院小学部　過去　無断複製／転載を禁ずる　　　　　　　　　　　日本学習図書株式会社

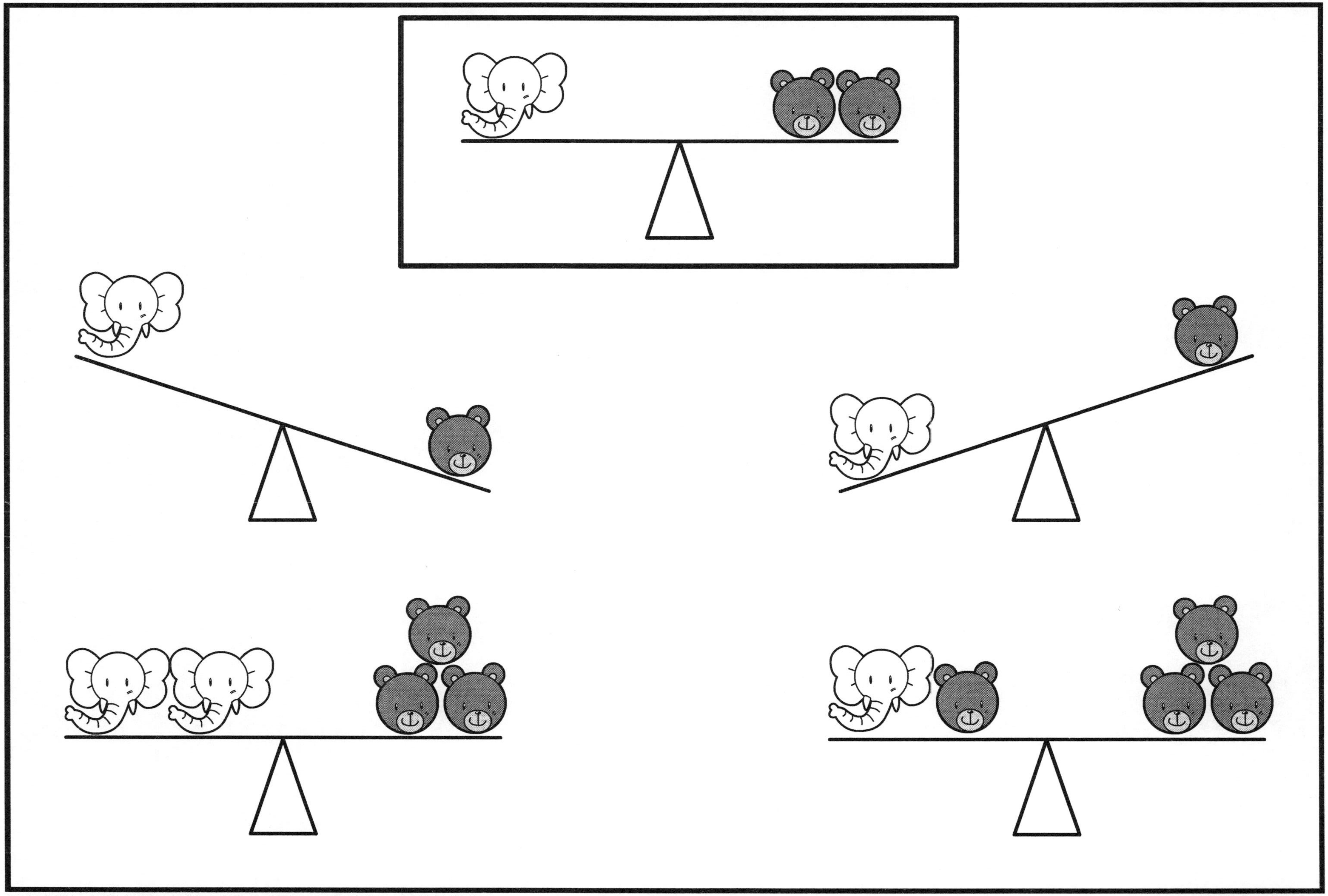

問題２９

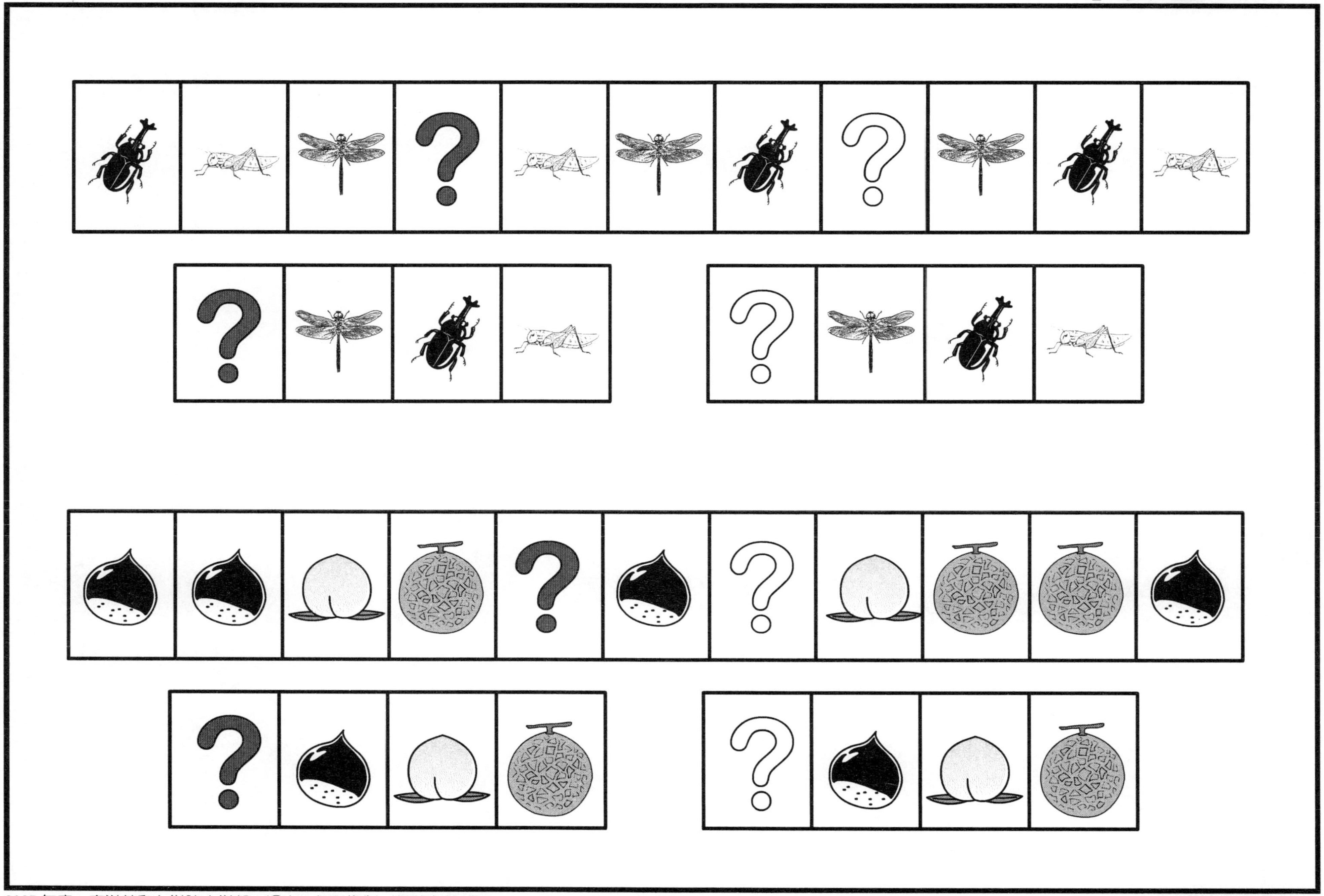

問題３０

問題3 1−1

問題3 1－2

日本学習図書株式会社

問題３５

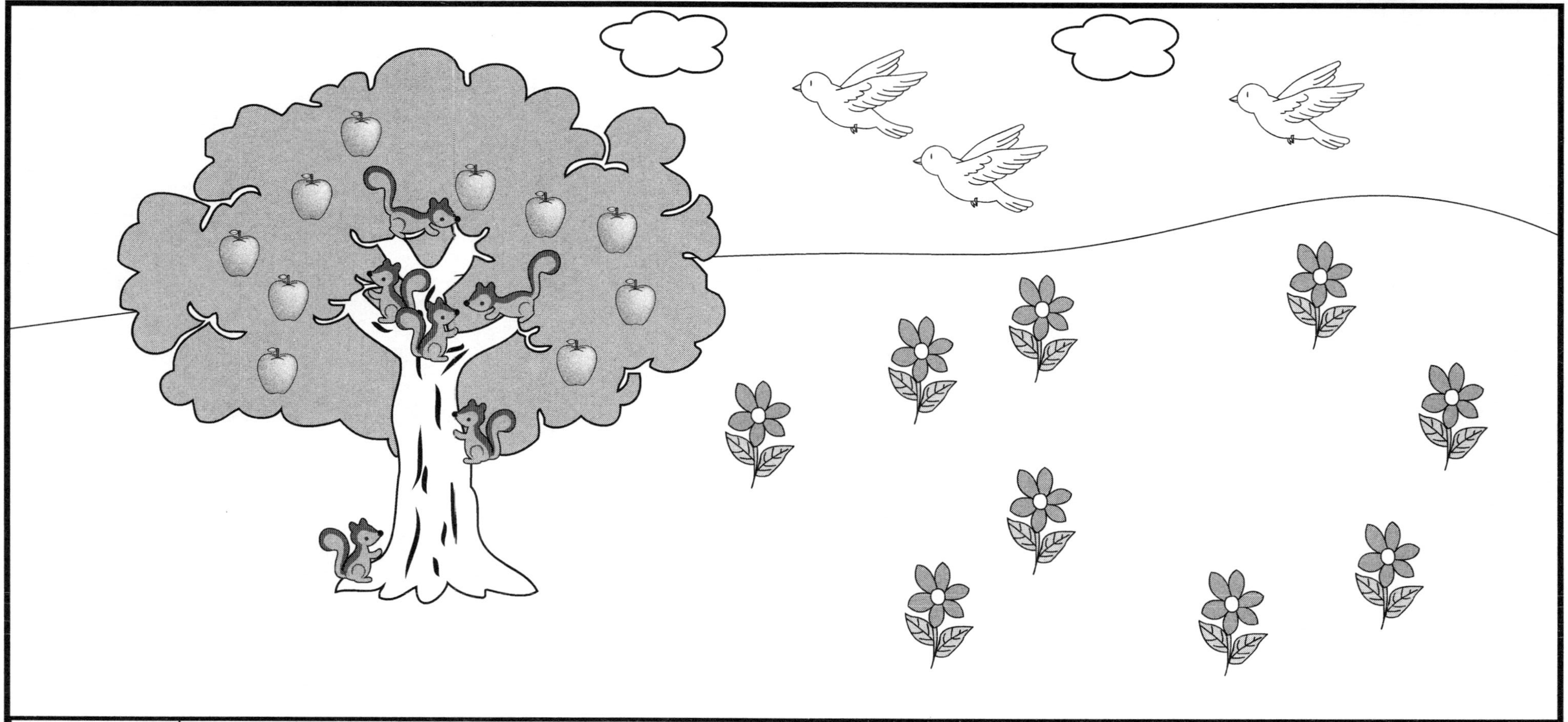

① 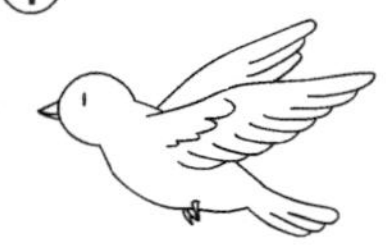

② 

③ 

④ 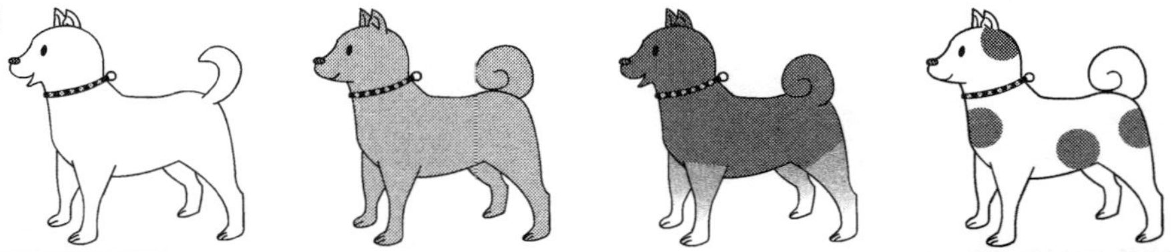

2025 年度　東洋英和女学院小学部　過去　無断複製／転載を禁ずる　日本学習図書株式会社

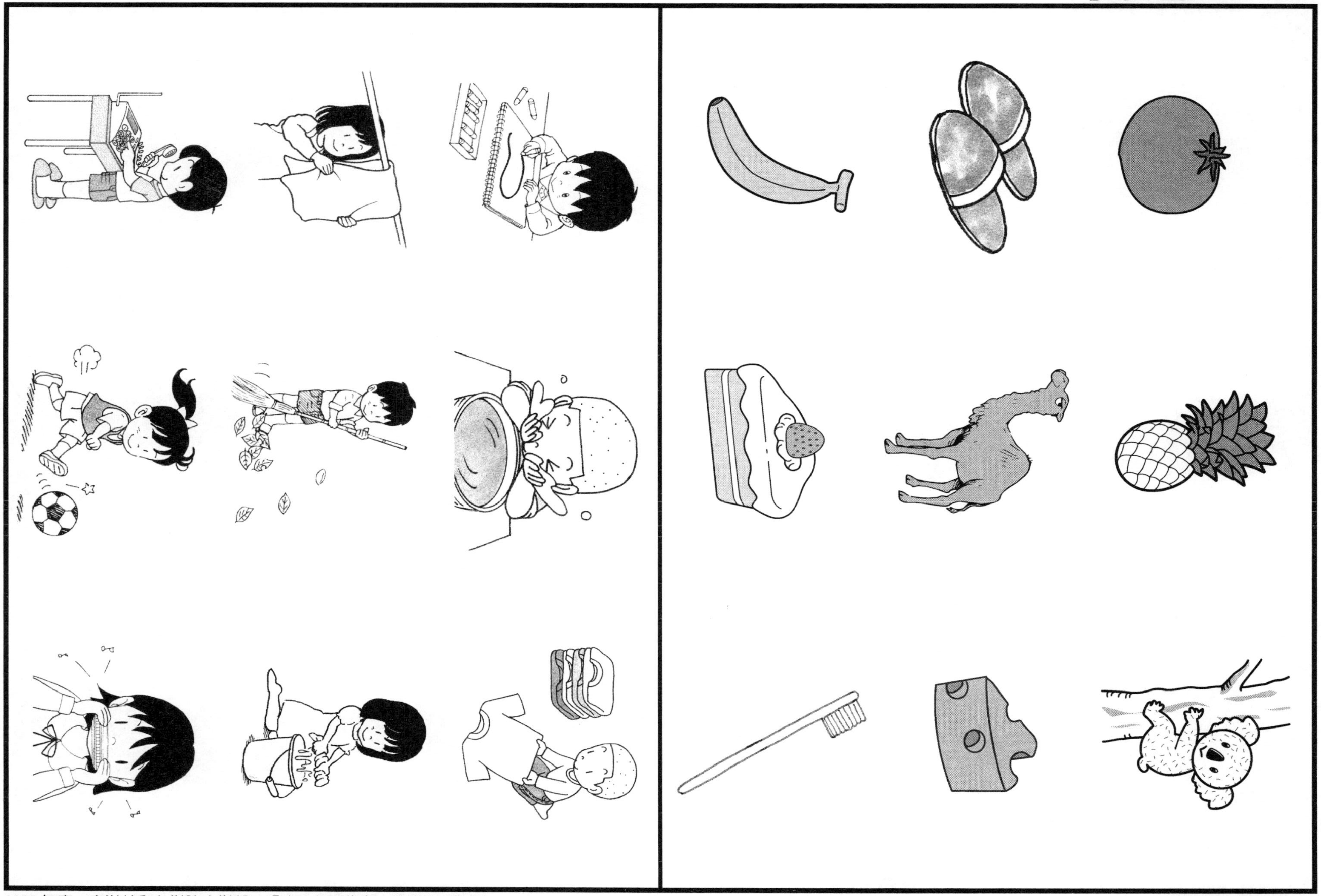

問題37

①

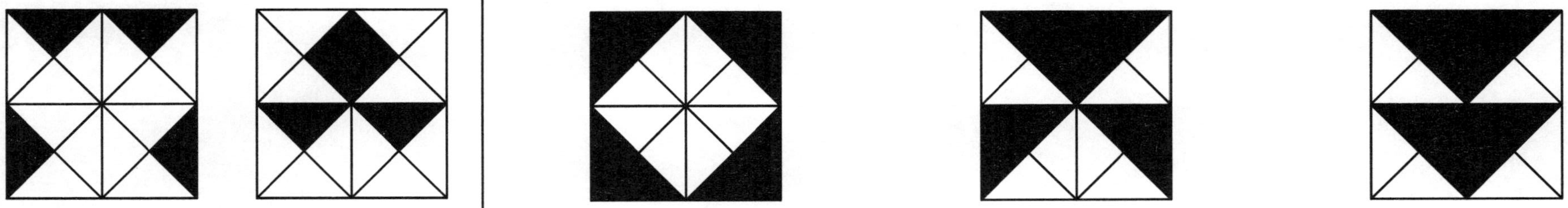

②

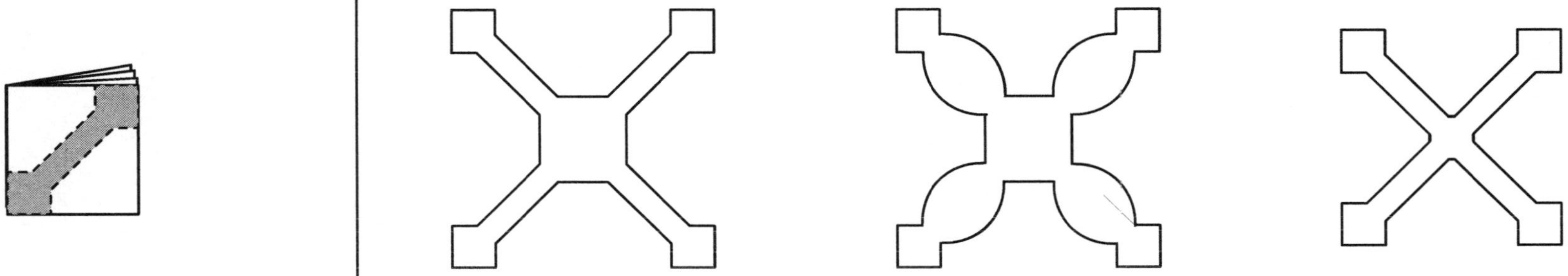

③

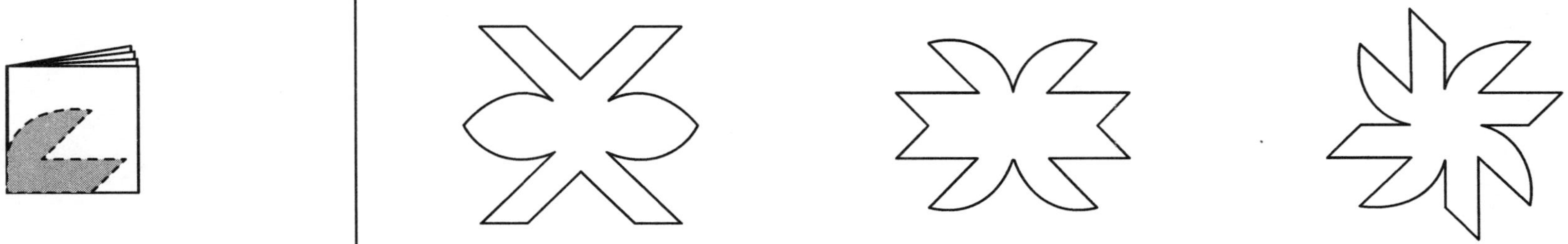

2025 年度　東洋英和女学院小学部　過去　無断複製/転載を禁ずる　　　　日本学習図書株式会社

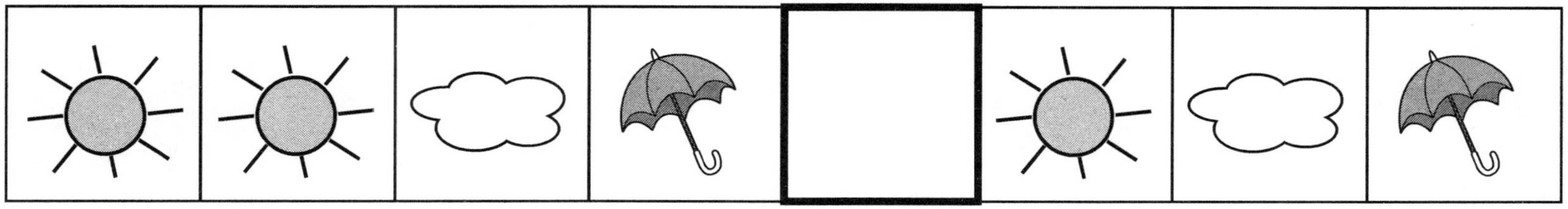

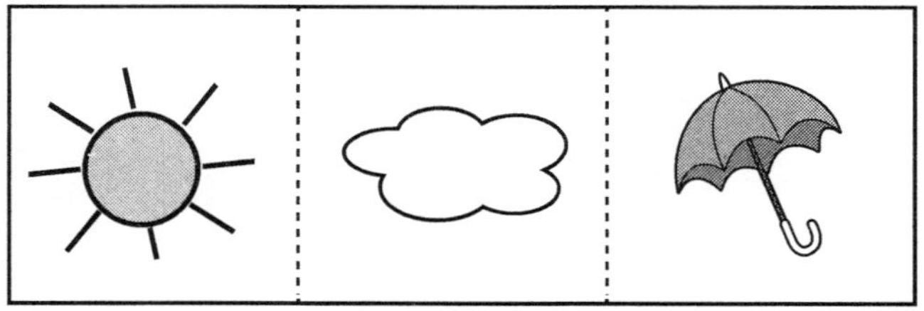

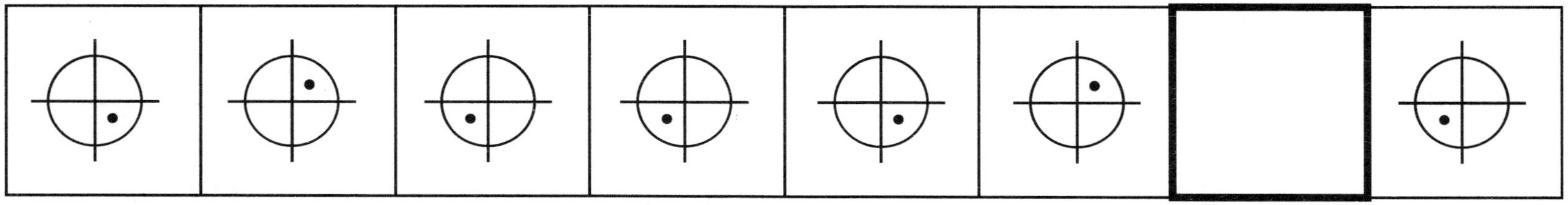

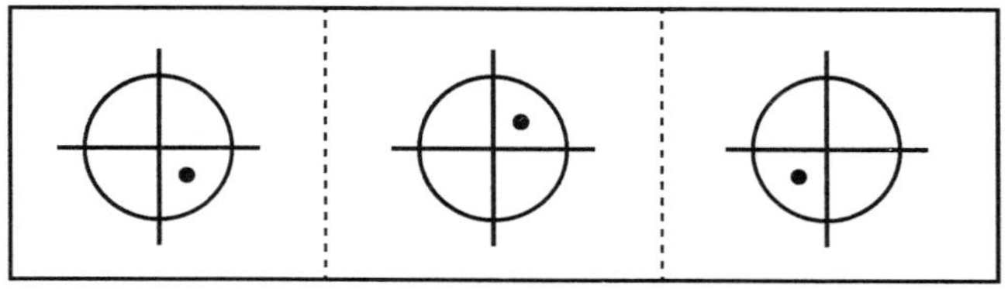

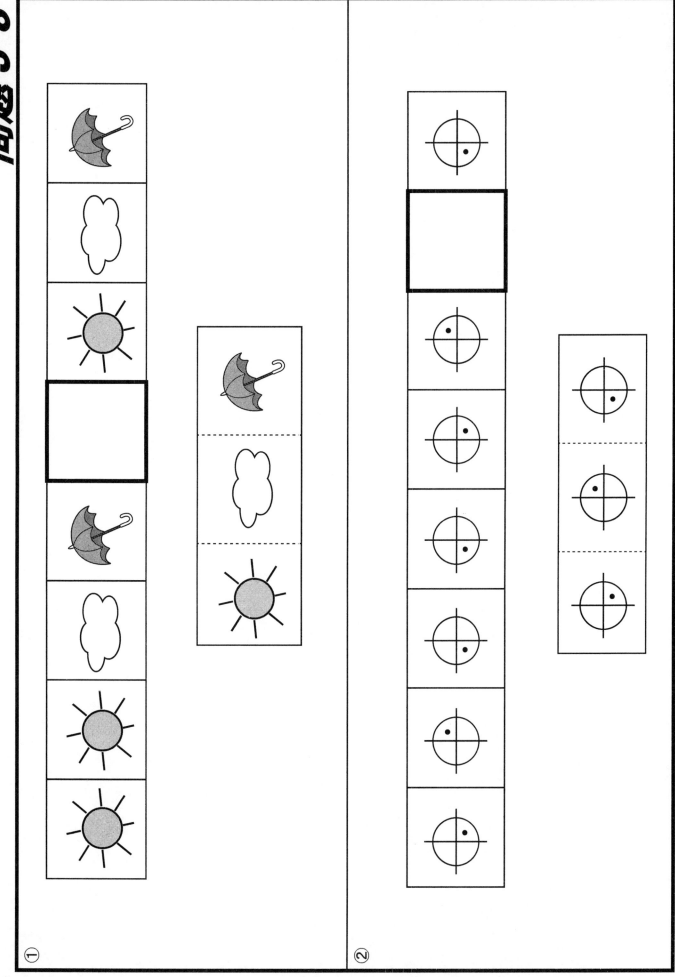

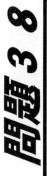

2025 年度　東洋英和女学院小学部　過去　無断複製／転載を禁ずる　日本学習図書株式会社

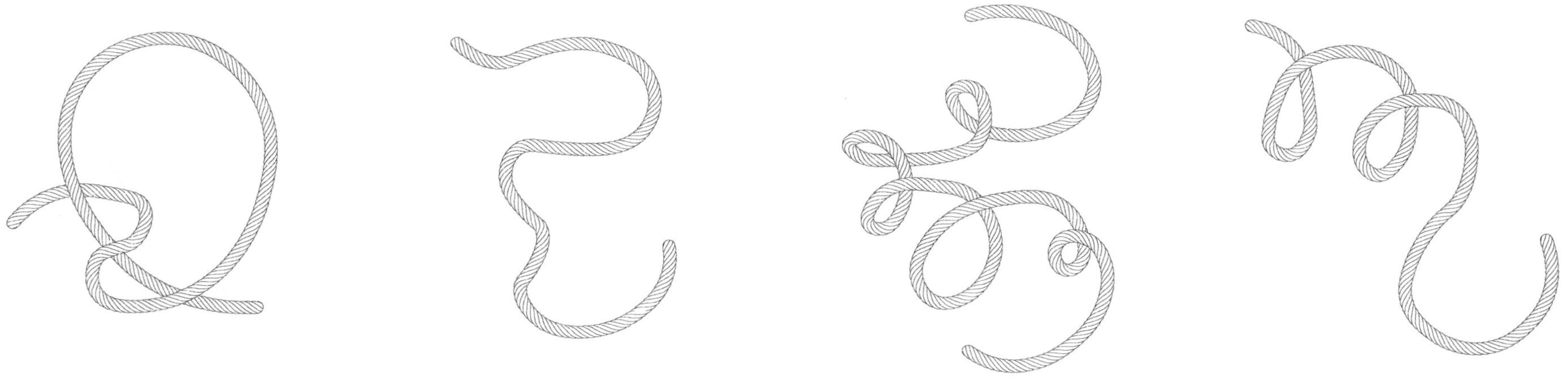

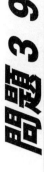

問題40

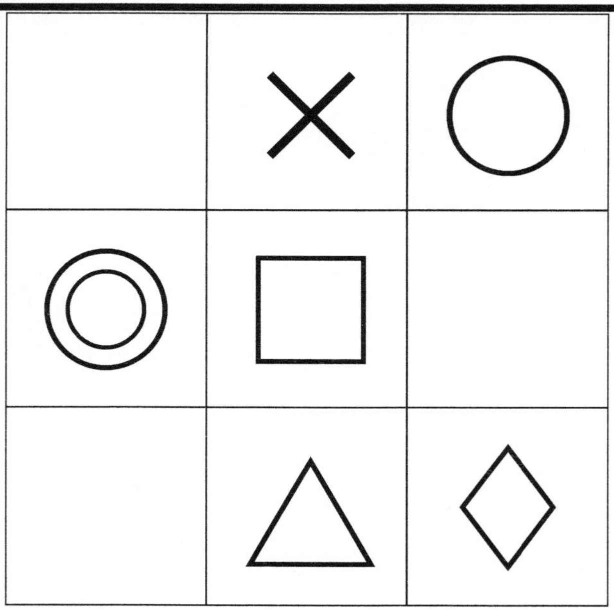

2025年度　東洋英和女学院小学部　過去　無断複製／転載を禁ずる　日本学習図書株式会社

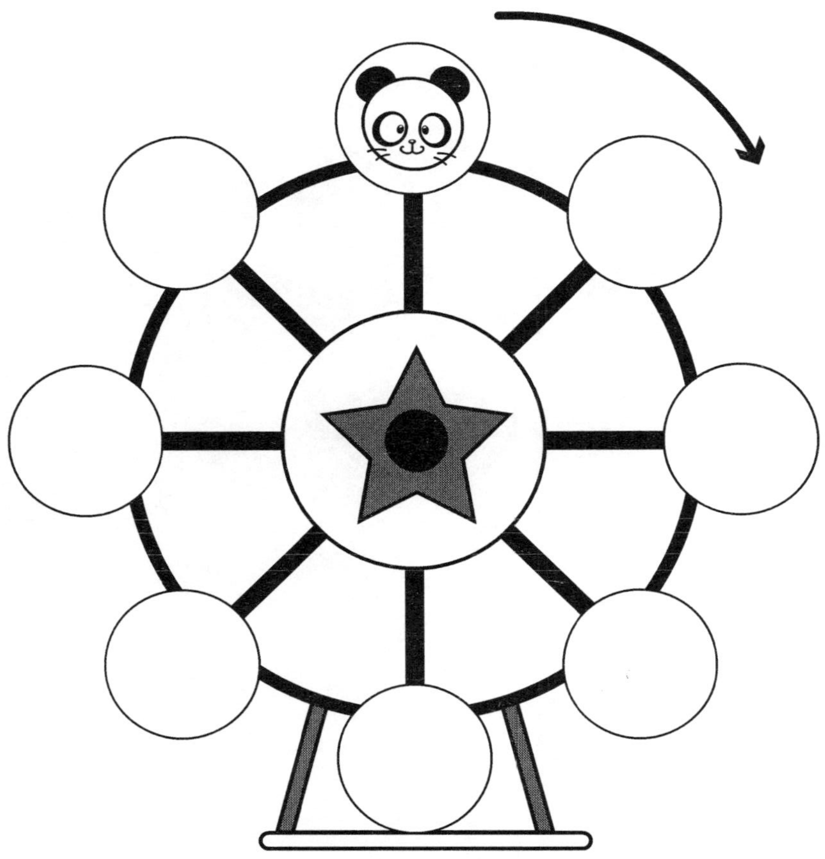

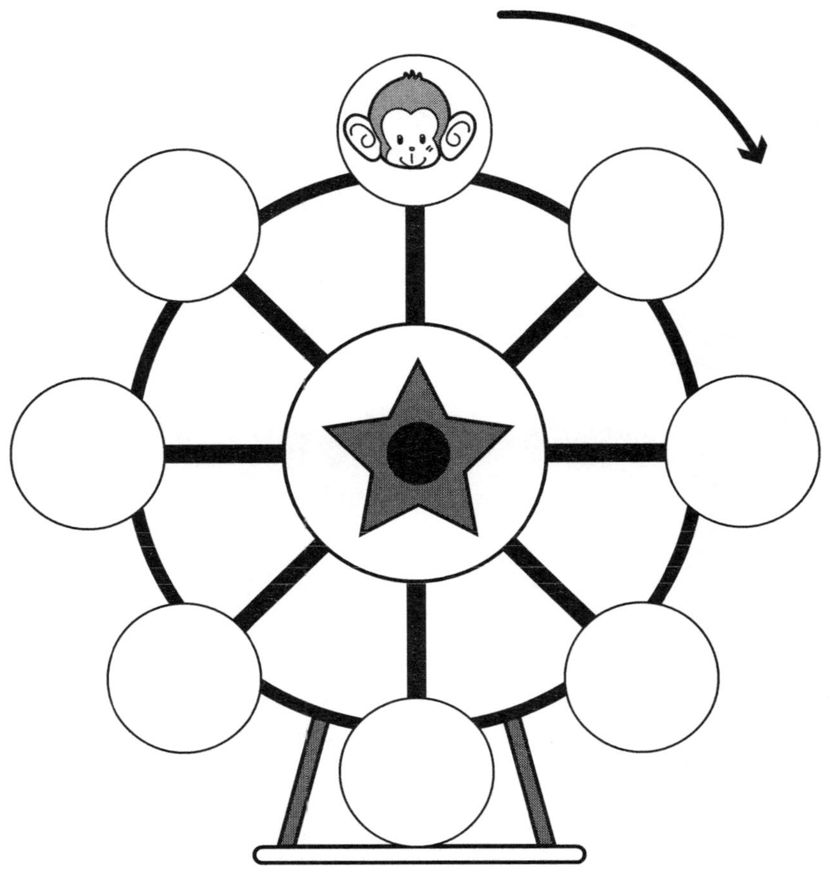

問題４２

①

②

③

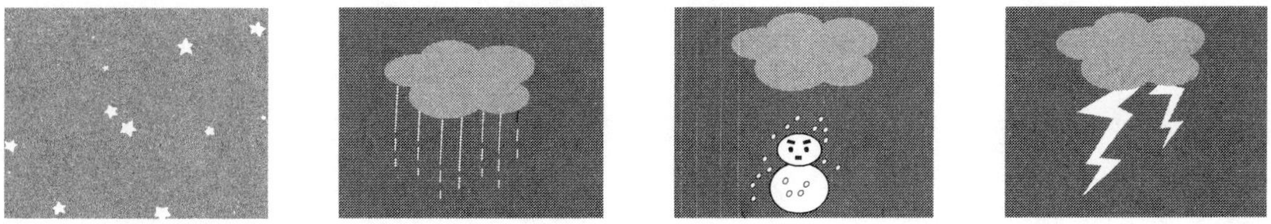

④

⑤

図書カード 1000 円分プレゼント

ご記入日　　　年　　月　　日

☆国・私立小学校受験アンケート☆

※可能な範囲でご記入下さい。選択肢は○で囲んで下さい。

〈小学校名〉＿＿＿＿＿＿＿＿＿＿＿＿＿＿　〈お子さまの性別〉男・女　〈誕生月〉＿＿月

〈その他の受験校〉（複数回答可）＿＿＿＿＿＿＿＿＿＿＿＿＿＿＿＿＿＿＿＿

〈受験日〉①：＿＿月＿＿日　〈時間〉＿＿時＿＿分　～　＿＿時＿＿分

②：＿＿月＿＿日　〈時間〉＿＿時＿＿分　～　＿＿時＿＿分

〈受験者数〉男女計＿＿名　（男子＿＿名　女子＿＿名）

〈お子さまの服装〉＿＿＿＿＿＿＿＿＿＿＿＿＿＿＿＿＿＿

〈入試全体の流れ〉（記入例）準備体操→行動観察→ペーパーテスト

＿＿＿＿＿＿＿＿＿＿＿＿＿＿＿＿＿＿＿＿＿＿＿＿＿＿

Eメールによる情報提供

日本学習図書では、Eメールでも入試情報を募集しております。

下記のアドレスに、アンケートの内容をご入力の上、メールをお送り下さい。

ojuken@nichigaku.jp

●行動観察　（例）好きなおもちゃで遊ぶ・グループで協力するゲームなど

〈実施日〉＿＿月＿＿日　〈時間〉＿＿時＿＿分　～　＿＿時＿＿分　〈着替え〉□有　□無

〈出題方法〉□肉声　□録音　□その他（　　　　　）　〈お手本〉□有　□無

〈試験形態〉□個別　□集団（　　　人程度）　〈会場図〉

〈内容〉

□自由遊び

＿＿＿＿＿＿＿＿＿＿＿＿＿＿＿＿＿＿

□グループ活動

＿＿＿＿＿＿＿＿＿＿＿＿＿＿＿＿＿＿

□その他

＿＿＿＿＿＿＿＿＿＿＿＿＿＿＿＿＿＿

●運動テスト（有・無）　（例）跳び箱・チームでの競争など

〈実施日〉＿＿月＿＿日　〈時間〉＿＿時＿＿分　～　＿＿時＿＿分　〈着替え〉□有　□無

〈出題方法〉□肉声　□録音　□その他（　　　　　）　〈お手本〉□有　□無

〈試験形態〉□個別　□集団（　　　人程度）　〈会場図〉

〈内容〉

□サーキット運動

□走り　□跳び箱　□平均台　□ゴム跳び

□マット運動　□ボール運動　□なわ跳び

□クマ歩き

□グループ活動＿＿＿＿＿＿＿＿＿＿＿＿＿＿

□その他＿＿＿＿＿＿＿＿＿＿＿＿＿＿＿＿

●知能テスト・口頭試問

〈実施日〉＿＿月＿＿日 〈時間〉＿＿時＿＿分 ～ ＿＿時＿＿分 〈お手本〉□有 □無

〈出題方法〉 □肉声 □録音 □その他（　　　　　） 〈問題数〉 ＿＿枚 ＿＿問

分野	方法	内　容	詳細・イラスト
（例） お話の記憶	☑筆記 □口頭	動物たちが待ち合わせをする話	（あらすじ） 動物たちが待ち合わせをした。最初にウサギさんが来た。次にイヌくんが、その次にネコさんが来た。最後にタヌキくんが来た。 （問題・イラスト） ３番目に来た動物は誰か 
お話の記憶	□筆記 □口頭		（あらすじ） （問題・イラスト）
図形	□筆記 □口頭		
言語	□筆記 □口頭		
常識	□筆記 □口頭		
数量	□筆記 □口頭		
推理	□筆記 □口頭		
その他	□筆記 □口頭		

●制作　（例）ぬり絵・お絵かき・工作遊びなど

〈実施日〉＿＿月＿＿日〈時間〉＿＿時＿＿分＿〜＿＿時＿＿分

〈出題方法〉□肉声 □録音 □その他（　　　　　）〈お手本〉□有 □無

〈試験形態〉□個別 □集団（　　　人程度）

材料・道具	制作内容
□ハサミ □のり（□つぼ □液体 □スティック） □セロハンテープ □鉛筆 □クレヨン（　色） □クーピーペン（　色） □サインペン（　色）□ □画用紙（□ A4 □ B4 □ A3 □その他：　　　　　） □折り紙 □新聞紙 □粘土 □その他（　　　　　）	□切る　□貼る　□塗る　□ちぎる　□結ぶ　□描く　□その他（　　　　　） タイトル：＿＿＿＿＿＿＿＿＿＿

●面接

〈実施日〉＿＿月＿＿日〈時間〉＿＿時＿＿分＿〜＿＿時＿＿分〈面接担当者〉＿＿名

〈試験形態〉□志願者のみ（　）名 □保護者のみ □親子同時 □親子別々

〈質問内容〉

※試験会場の様子をご記入下さい。

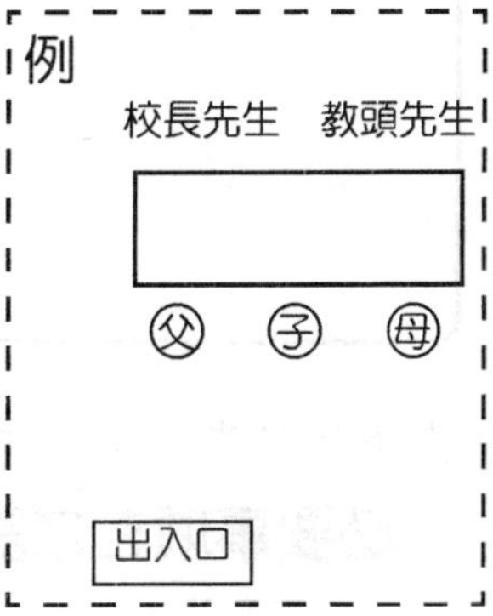

□志望動機　□お子さまの様子

□家庭の教育方針

□志望校についての知識・理解

□その他（　　　　　　　　　　）

（詳　細）

・

・

・

・

●保護者作文・アンケートの提出（有・無）

〈提出日〉□面接直前　□出願時　□志願者考査中　□その他（　　　　　）

〈下書き〉□有　□無

〈アンケート内容〉

（記入例）当校を志望した理由はなんですか（150 字）

●**説明会**（□有　□無）〈開催日〉＿＿月＿＿日〈時間〉＿＿時＿＿分～＿＿時＿＿分

〈上履き〉□要　□不要〈願書配布〉□有　□無〈校舎見学〉□有　□無

〈ご感想〉

●**参加された学校行事**（複数回答可）

公開授業〈開催日〉＿＿月＿＿日〈時間〉＿＿時＿＿分～＿＿時＿＿分

運動会など〈開催日〉＿＿月＿＿日〈時間〉＿＿時＿＿分～＿＿時＿＿分

学習発表会・音楽会など〈開催日〉＿＿月＿＿日〈時間〉＿＿時＿＿分～＿＿時＿＿分

〈ご感想〉

※是非参加したほうがよいと感じた行事について

●**受験を終えてのご感想、今後受験される方へのアドバイス**

※対策学習（重点的に学習しておいた方がよい分野）、当日準備しておいたほうがよい物など

＊＊＊＊＊＊＊＊＊＊＊＊＊　ご記入ありがとうございました　＊＊＊＊＊＊＊＊＊＊＊＊＊

必要事項をご記入の上、ポストにご投函ください。

なお、本アンケートの送付期限は入試終了後３ヶ月とさせていただきます。また、入試に関する情報の記入量が当社の基準に満たない場合、謝礼の送付ができないことがございます。あらかじめご了承ください。

ご住所：〒＿＿＿＿＿＿＿＿＿＿＿＿＿＿＿＿

お名前：＿＿＿＿＿＿＿＿　メール：＿＿＿＿＿＿＿＿

ＴＥＬ：＿＿＿＿＿＿＿＿　ＦＡＸ：＿＿＿＿＿＿＿＿

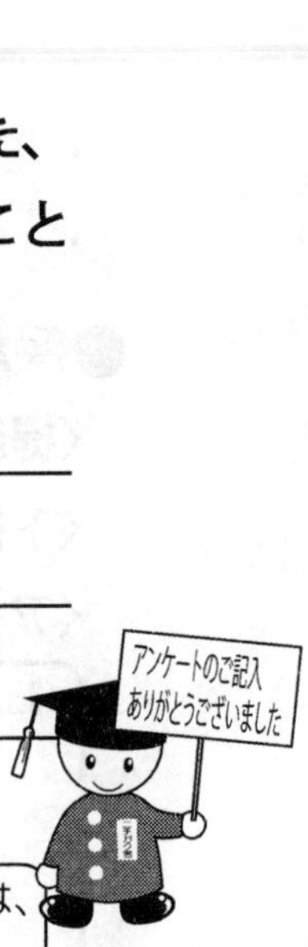

ご記入頂いた個人に関する情報は、当社にて厳重に管理致します。弊社の個人情報取り扱いに関する詳細は、www.nichigaku.jp/policy.php の「個人情報の取り扱い」をご覧下さい。

分野別 小学入試練習帳 ジュニアウォッチャー

1. 点・線図形	小学校入試で出題頻度の高い『点・線図形』の模写を、難易度の低いものから段階別に幅広く練習することができるように構成。
2. 座標	図形の位置模写という作業を、難易度の低いものから段階別に練習できるように構成。
3. パズル	様々なパズルの問題を難易度の低いものから段階別に練習できるように構成。
4. 同図形探し	小学校入試で出題頻度の高い、同図形選びの問題を繰り返し練習できるように構成。
5. 回転・展開	図形などを回転、または展開したとき、形がどのように変化するかを学習し、理解を深められるように構成。
6. 系列	数、図形などの様々な系列問題を、難易度の低いものから段階別に練習できるように構成。
7. 迷路	迷路の問題を繰り返し練習できるように構成。
8. 対称	対称に関する問題を４つのテーマに分類し、各テーマごとに問題を段階別に練習できるように構成。
9. 合成	図形の合成に関する問題を、難易度の低いものから段階別に練習できるように構成。
10. 四方からの観察	もの（立体）を様々な角度から見て、どのように見えるかを推理する問題を段階別に整理し、１つの形式で複数の問題を練習できるように構成。
11. いろいろな仲間	ものや動物、植物の共通点を見つけ、分類していく問題を中心に構成。
12. 日常生活	日常生活における様々な問題を６つのテーマに分類し、各テーマごとに一つの問題形式で複数の問題を練習できるように構成。
13. 時間の流れ	『時間』に着目し、様々なものごとは、時間が経過するとどのように変化するのかということを学習し、理解できるように構成。
14. 数える	様々なものを『数える』ことから、数の多少の判定やかけ算、わり算の基礎までを練習できるように構成。
15. 比較	比較に関する問題を５つのテーマ（数、高さ、長さ、量、重さ）に分類し、各テーマごとに問題を段階別に練習できるように構成。
16. 積み木	数える対象を積み木に限定した問題集。
17. 言葉の音遊び	言葉の音に関する問題を５つのテーマに分類し、各テーマごとに問題を段階別に練習できるように構成。
18. いろいろな言葉	表現力をより豊かにするいろいろな言葉として、擬態語や擬声語、同音異義語、反意語、数詞を取り上げた問題集。
19. お話の記憶	お話を聴いてその内容を記憶、理解し、設問に答える形式の問題集。
20. 見る記憶・聴く記憶	「見て憶える」「聴いて憶える」という『記憶』分野に特化した問題集。
21. お話作り	いくつかの絵を元にしてお話を作る練習をして、想像力を養うことができるように構成。
22. 想像画	描かれてある形や景色に好きな絵を描くことにより、想像力を養うことができるように構成。
23. 切る・貼る・塗る	小学校入試で出題頻度の高い、はさみやのりなどを用いた巧緻性の問題を繰り返し練習できるように構成。
24• 絵画	小学校入試で出題頻度の高い、お絵かきやぬり絵などクレヨンやクーピーペンを用いた巧緻性の問題を繰り返し練習できるように構成。
25. 生活巧緻性	小学校入試で出題頻度の高い日常生活の様々な場面における巧緻性の問題集。
26. 文字・数字	ひらがなの清音、濁音、拗音、拗長音、促音と１～20までの数字に焦点を絞り、練習できるように構成。
27. 理科	小学校入試で出題頻度が高くなりつつある理科の問題を集めた問題集。
28. 運動	出題頻度の高い運動問題を種目別に分けて構成。
29. 行動観察	項目ごとに問題提起をし、「このような時はどうか、あるいはどう対処するのか」の観点から問いかける形式の問題集。
30. 生活習慣	学校から家庭に提起された問題と思って、一問一問絵を見ながら話し合い、考える形式の問題集。
31. 推理思考	数、量、言語、常識（含理科、一般）など、諸々のジャンルから問題を構成し、近年の小学校入試問題傾向に沿って構成。
32. ブラックボックス	箱や筒の中を通ると、どのようなお約束でどのように変化するかを推理・思考する問題集。
33. シーソー	重さの違うものをシーソーに乗せた時どちらに傾くのか、またどうすればシーソーは釣り合うのかを思考する基礎的な問題集。
34. 季節	様々な行事や植物などを季節別に分類できるように知識をつける問題集。
35. 重ね図形	小学校入試で頻繁に出題されている「図形を重ね合わせてできる形」についての問題を集めました。
36. 同数発見	様々な物を数え「同じ数」を発見し、数の多少の判断や数の認識の基礎を学べるように構成した問題集。
37. 選んで数える	数の学習の基本となる、いろいろなものの数を正しく数える学習を行う問題集。
38. たし算・ひき算１	数字を使わず、たし算とひき算の基礎を身につけるための問題集。
39. たし算・ひき算２	数字を使わず、たし算とひき算の基礎を身につけるための問題集。
40. 数を分ける	数を等しく分ける問題です。等しく分けたときに余りが出るものもあります。
41. 数の構成	ある数がどのような数で構成されているか学んでいきます。
42. 一対多の対応	一対一の対応から、一対多の対応まで、かけ算の考え方の基礎学習を行います。
43. 数のやりとり	あげたり、もらったり、数の変化をしっかりと学びます。
44. 見えない数	指定された条件から数を導き出します。
45. 図形分割	図形の分割に関する問題集。パズルや合成の分野にも通じる様々な問題を集めました。
46. 回転図形	「回転図形」に関する問題集。やさしい問題から始め、いくつかの代表的なパターンから、段階を踏んで学習できるよう編集されています。
47. 座標の移動	「マス目の指示通りに移動する問題」と「指示された数だけ移動する問題」を収録。
48. 鏡図形	鏡で左右反転させた時の見え方を考えます。平面図形から立体図形、文字、絵まで。
49. しりとり	すべての学習の基礎となる「言葉」を学ぶこと、特に「語彙」を増やすことに重点をおき、さまざまなタイプの「しりとり」問題を集めました。
50. 観覧車	観覧車やメリーゴーラウンドなどを舞台にした「回転系列」の問題集。「推理思考」分野の問題ですが、要素として「図形」や「数量」も含みます。
51. 運筆①	鉛筆の持ち方を学び、点線なぞり、お手本を見ながらの模写で、線を引く練習をします。
52. 運筆②	運筆①からさらに発展し、「欠所補完」や「迷路」などを楽しみながら、より複雑な鉛筆運びを習得することを目指します。
53. 四方からの観察 積み木編	積み木を使用した「四方からの観察」に関する問題を練習できるように構成。
54. 図形の構成	見本の図形がどのような部分によって形づくられているかを考えます。
55. 理科②	理科的知識に関する問題を集中して練習する「常識」分野の問題集。
56. マナーとルール	道路や駅、公共の場でのマナー、安全や衛生に関する常識を学べるように構成。
57. 置き換え	さまざまな具体的・抽象的事象を記号で表す「置き換え」の問題を扱います。
58. 比較②	長さ・高さ・体積・数などを数学的な知識を使わず、論理的に推測する「比較」の問題を練習できるように構成。
59. 欠所補完	線と線のつながり、欠けた絵に当てはまるものなどを求める「欠所補完」に取り組める問題集です。
60. 言葉の音（おん）	しりとり、決まった順番の音をつなげるなど、「言葉の音」に関する問題に取り組める練習問題集です。

東洋英和女学院女学院　専用注文書

年　月　日

合格のための問題集ベスト・セレクション

＊入試頻出分野ベスト3

1st　お話の記憶

集中力　聞く力

2nd　図　形

観察力　思考力

3rd　制　作

聞く力　話す力　創造力

「常識」「数量」「言語」「推理」「図形」など広い分野から出題されています。当校の入試では基礎基本の徹底がもっとも効果的な学習です。過去問題の学習と、足りないと思われる分野の対策学習を徹底的に行いましょう。

分野	書　名	価格(税込)	注文	分野	書　名	価格(税込)	注文
図形	Ｊｒ・ウォッチャー1「点・線図形」	1,650円	冊	数量	Ｊｒ・ウォッチャー43「数のやりとり」	1,650円	冊
図形	Ｊｒ・ウォッチャー2「座標」	1,650円	冊	図形	Ｊｒ・ウォッチャー46「回転図形」	1,650円	冊
図形	Ｊｒ・ウォッチャー6「系列」	1,650円	冊	図形	Ｊｒ・ウォッチャー47「座標の移動」	1,650円	冊
図形	Ｊｒ・ウォッチャー10「四方からの観察」	1,650円	冊	巧緻性	Ｊｒ・ウォッチャー51・52「運筆①・②」	1,650円	各　冊
数量	Ｊｒ・ウォッチャー14「数える」	1,650円	冊	常識	Ｊｒ・ウォッチャー56「マナーとルール」	1,650円	冊
記憶	Ｊｒ・ウォッチャー19「お話の記憶」	1,650円	冊		お話の記憶　初級編	2,860円	冊
巧緻性	Ｊｒ・ウォッチャー23「切る・貼る・塗る」	1,650円	冊		お話の記憶　中級編・上級編	2,200円	各　冊
巧緻性	Ｊｒ・ウォッチャー25「生活巧緻性」	1,650円	冊		1話5分の読み聞かせお話集①・②	2,750円	各　冊
観察	Ｊｒ・ウォッチャー28「運動」	1,650円	冊		お助けハンドブック　生活編	1,980円	冊
観察	Ｊｒ・ウォッチャー29「行動観察」	1,650円	冊		新・小学校面接　Q&A	2,860円	冊
観察	Ｊｒ・ウォッチャー30「生活習慣」	1,650円	冊		保護者のための　入試面接最強マニュアル	2,200円	冊
推理	Ｊｒ・ウォッチャー33「シーソー」	1,650円	冊		面接テスト問題集	2,200円	冊
数量	Ｊｒ・ウォッチャー34「季節」	1,650円	冊		新 運動テスト問題集	2,420円	冊
数量	Jr・ｳｫｯﾁｬｰ38・39「たし算・ひき算1・2」	1,650円	各　冊		新・小学校受験 願書・アンケート 文例集500	2,860円	冊

合計	冊	円

(フリガナ) 氏　名	電　話 ＦＡＸ E-mail
住 所　〒　　　－	以前にご注文されたことはございますか。 有　・　無

★お近くの書店、または記載の電話・FAX・ホームページにてご注文をお受けしております。
電話：03-5261-8951　FAX：03-5261-8953　代金は書籍合計金額＋送料がかかります。
※なお、落丁・乱丁以外の理由による商品の返品・交換には応じかねます。

★ご記入頂いた個人に関する情報は、当社にて厳重に管理致します。なお、ご購入の商品発送の他に、当社発行の書籍案内、書籍に関する調査に使用させて頂く場合がございますので、予めご了承ください。

日本学習図書株式会社
https://www.nichigaku.jp

家庭学習をトータルサポート！ ニチガクのオリジナル 効果的 学習法

1 まずは アドバイスページを読む！

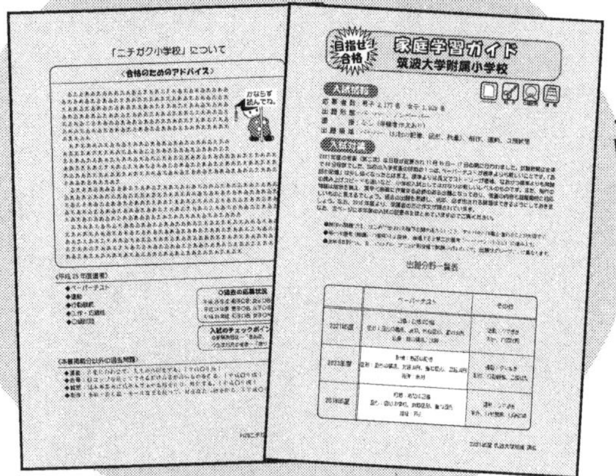

ピンク色です

対策や試験ポイントがぎっしりつまった「家庭学習ガイド」。分野アイコンで、試験の傾向をおさえよう！

2 問題をすべて読み、出題傾向を把握する

3 「アドバイス」で学校側の観点や問題の解説を熟読

4 はじめて過去問題にチャレンジ！

5 プラスα 対策問題集や類題で力を付ける

過去問のこだわり

最新問題は問題ページ、イラストページ、解答・解説ページが独立しており、お子さまにすぐに取り掛かっていただける作りになっています。
ニチガクの学校別問題集ならではの、学習法を含めたアドバイスを利用して効率のよい家庭学習を進めてください。

各問題のジャンル

問題４ 分野：系列

〈準備〉 クーピーペン（赤）

〈問題〉 左側に並んでいる３つの形を見てください。真ん中の抜けているところには右側のどの四角が入ると繋がるでしょうか。右側から探して○を付けてください。

〈時間〉 30秒

〈解答〉 ①真ん中 ②右 ③左

アドバイス

複雑な系列の問題です。それぞれの問題がどのような約束で構成されているのか確認をしましょう。この約束が理解できていないと問題を解くことができません。また、約束を見つけるとき、一つの視点、考えに固執するのではなく、色々と着眼点を変えてとらえるようにすることで発見しやすくなります。この問題では、①と②は中の模様が右の方へまっすぐ1つずつ移動しています。③は4つの矢印が右の方へ回転して1つずつ移動しています。それぞれ移動のし方が違うことに気が付きましたでしょうか。系列にも様々な出題がありますので、このような系列の問題も学習しておくことをおすすめ致します。系列の問題は、約束を早く見つけることがポイントです。

【おすすめ問題集】
Ｊｒ・ウォッチャー６「系列」

アドバイス

各問題の解説や学校の観点、指導のポイントなどを教えます。
今日から保護者の方が家庭学習の先生に！

おすすめ対策問題集

分野ごとに対策問題集をご紹介。苦手分野の克服に最適です！
＊専用注文書付き。

2025 年度版　東洋英和女学院小学部
過去問題集

発行日　2024 年 4 月 19 日
発行所　〒 162-0821 東京都新宿区津久戸町 3-11-9F
日本学習図書株式会社
電　話　03-5261-8951 ㈹

ISBN978-4-7761-5558-4

C6037 ¥2100E

定価 2,310 円
（本体 2,100 円 + 税 10%）

9784776155584

1926037021001

詳細は https://www.nichigaku.jp 日本学習図書 検索